三秒钟看透对方心理

李　昊◎编著

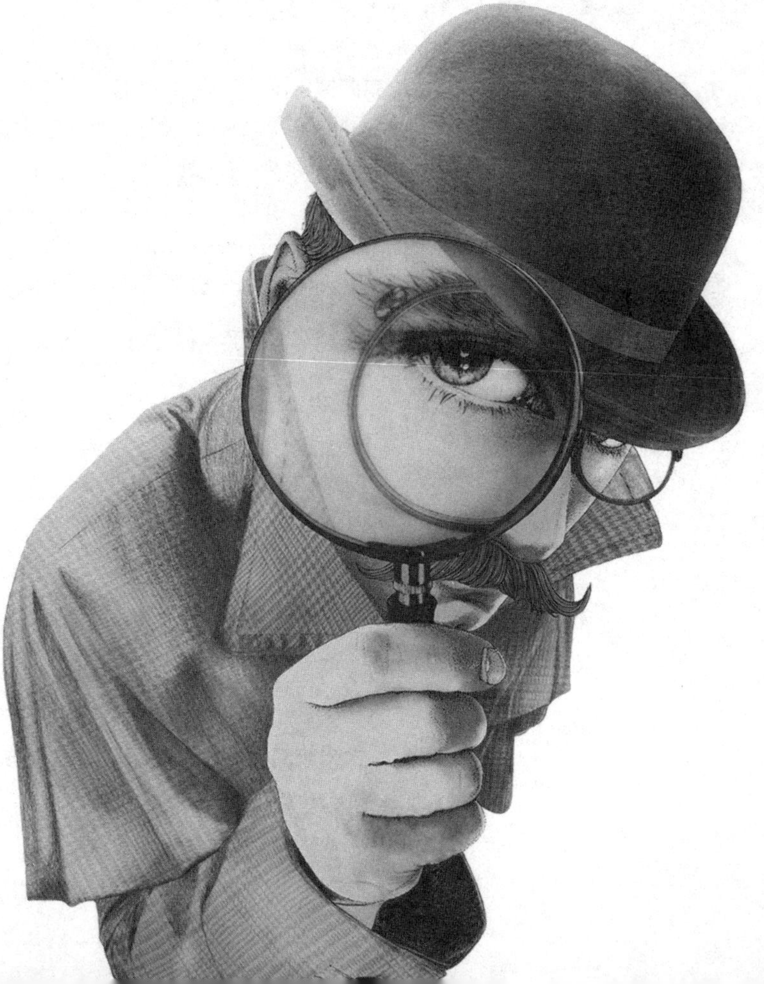

北京联合出版公司
Beijing United Publishing Co.,Ltd.

图书在版编目（CIP）数据

三秒钟看透对方心理 / 李昊编著．—北京：北京联合出版公司，2004

ISBN 978-7-80600-938-3

Ⅰ．三... Ⅱ．李... Ⅲ．心理学—通俗读物 Ⅳ．B84-49

中国版本图书馆 CIP 数据核字（2004）第 068987 号

三秒钟看透对方心理

著　　者□李昊　编著

出版发行□北京联合出版公司

（北京市朝阳区安华西里一区 13 楼 2 层 100011）

（010）64243832　84241642（发行部）　64258473（传真）

（010）64255036（邮购、零售）

（010）64251790　64258472　64255606（编辑部）

E－mail：jinghuafaxing@sina. com

印　　刷□天津冠豪恒胜业印刷有限公司

开　　本□ 710mm × 1000mm　1/16

字　　数□ 200 千字

印　　张□ 16.5 印张

印　　数□ 0001—5000

版　　次□ 2004 年 8 月第 1 版

印　　次□ 2020 年 4 月第 2 次印刷

书　　号□ ISBN 978-7-80600-938-3

定　　价□ 48.00 元

前言
PREFACE

我们生活在一个纷繁复杂的社会中，形形色色，千姿百态的人共有一个大千世界。现实生活中离不开人际交往，即使有时我们心里很不乐意，也不得这么做，因为我们不可能强迫自己脱离人世，去投奔茫茫云烟之中。

为了完成种种任务，实现自己的目的，就要与各种各样的人打交道。但是，由于人们所处的环境及生活习惯的不同，也就形成了不同的性格特征。我们与之相处，如果能深入这个人的内心了解其性格特征及优缺点，就会对症下药，找到与之相处的恰当方法，进而有利于工作的开展，从而提高我们的办事效率。

不可否认的是，现实生活当中许多人将其最真实的一面掩藏起来，在为人处世方面总是表现得真真假假，假假真真，让人难以琢磨怎样识别这些人的内心呢，这是一门学问。

所以，与一个人共处，了解其本性，看透其内心是极其重要的，那么怎样才能做到这一点呢？这也正是本书的宗旨。

本书从外表特征，言谈举止，穿着打扮、工作习惯，兴趣爱好等几个方面对识别他人，看准对方心理做了详细分析与介绍。本书通俗易懂，涉及内容广泛，涵盖了人的方方面面，希望在人生的道路上能助你一臂之力，从而使你在风云突变的茫茫人海中寻找到心灵栖息的港湾。

目录
CONTENTS

第一章

相由心生，知人先知面

1. 容貌观人术

人无论身在何处，容貌总是随身而行，与人接触、交往，给人最初的印象还是容貌。所以容貌可以说是人随身携带、但又不能给人的最大的一张名片。

容貌实际上是两个概念，一个是“容”。一方面指手足、腰背、乳脐等，一方面指人在坐、卧、行、走等方面显出来的举止、情态，以及言语谈吐、喜怒哀乐等。细分一下，容有两个方面的内容：一指身体的静态表现（如前所述）；二指身体的动态表现，即举手投足。通过容的静态，可以发现人的外在美，可悦人一时之乐，因此会给人留下美好的印象；通过容的动态，可以发现人的品质和能力。虽然这些是看得见摸不着的，是“有形无质”的东西，但却是鉴别人才的主要依据，虽不易知但可悦人一世之乐。正如你发现了一个美貌绝伦的姑娘，会让你心驰神往，当你用尽心机，终于有机会接近她时，而她同别人吵架时的语言却如同泼妇骂街般的不堪入耳。那么，你还愿意继续与她交往么？“容”的基础就是身体。

“貌”是指头面上的形象状貌，如口、眼、耳、鼻等等的动态与静态显出的个性特征，从广泛的意义上讲，“貌”不仅是指脸部，而是整个头部，包括印堂、下巴等。“貌”本应属容的一个组成部分，由于人的精、气、神主要体现在面部，因此把“貌”单列出来，与“容”相提并论。貌也包括两个方面：一是构成貌的口、眼、耳、舌、鼻、眉等具体的人体器官，它是貌的物质部分，即基础；二是这些器官表现出来的情态，是精神表现，也属有形无质的虚象。这种动态的貌就是情态。古人说面部是“列百部之灵居，通五府之神路，推三才之成像，容一身之得失”，所以人心里的真实想法会从面部表情中流露出来，只要识人者有着敏锐的观察力和强烈的探索精神。隐藏得再深的秘密，也能够被发现。

古希腊哲学家德谟克利特创立了原子论，被后人誉为唯物论的鼻祖，有一则关于他的识人佳话。某一天，德谟克利特在街上偶然遇见一位熟识的姑娘，于是，德谟克利特便和她打了招呼：“姑娘，你好！”第二天，德谟克利特再一次碰到与头一天同样打扮的那位姑娘时，却这样打了个招呼：“这……这……太太，你好！”一夜之间，姑娘变成了太太，这种变化竟然被德谟克利特一语道破。那么，德谟克利特是如何看穿那位姑娘“一夜之间”的事情的呢？这是他仔细观察那位姑娘的脸色，眼睛的活动情况，面部表现及走路的姿态等一系列举止的结果。他之所以这般火眼金睛，就是因为他具有强烈的探索精神和敏锐的观察力，而且有丰富的人生经历。据说，德谟克利特有时正吃着鲜美可口的瓜果，会突然从房间里跳出来，跑到地里面去搞清楚瓜果为什么这么好吃。

把人的外部形象分为“容”和“貌”两部分，是为了有利于理清鉴别人物这种特殊活动行为的脉络和层次，更好地研究人才。在实际操作中，主要的根据还是来自经验、阅历，当然也有灵感、直觉等神秘的感觉因素。有时认为某人好或坏却说不出所以然，但事后证明这种凭空的判断居然十分准确，这就是直觉的作用。当然，要是平时多注意在观察人方面积累的话，无论是从逻辑上推论还是直觉的判断，肯定准确性会提高许多。将人的外形特征分为容与貌两方面，其目的也是使考察人物的活动更严谨，更有层次，既能克服泛泛而论的缺陷，也不致流于宿命论。

容貌的美丑是天然生成，但考察人应不以美丑为标准。漂亮的面孔固然让人赏心悦目，但用人之道在于才，而非貌（除礼仪、迎宾之外）。才貌双全，当然最好，二者不可兼得，舍貌而取才也。“自古红颜多薄命”是因为人为的占有与劫掠欲望，生在今天的红颜美人，如不自救、自助、自强，依然会是薄命的悲剧。

人的各个部位，各个感官是与五脏相关联的，如肾开窍于耳，肝开窍于目等，这是医生能够从眼中看到肝脏病变的理论根据。而五脏又与五行相联系，如肝属木、心属火等。五行呢，又与四季有联系，如秋属金、冬属火等。通过这样几次转换，说明了耳目鼻舌、五脏六腑这些人体器官是与四时八节互相感应的，也说明了与西方追求“神人合一”不同的中国古代圣人，是在追求“天人合一”的最高境界。他们强调人与自然的和谐关系，这与现代人重视环境保护、生态平衡的初衷是一样的。具体到人的容貌上，也要遵循“和谐是美”的原则，要求身体的各部位配合有情，如胸腹手是与耳目口鼻相顾相称。生有如此之想当然不凡，这样才符合自然之理。人虽是万物灵长，但其自然本性和动物属性始终不会消失。比如春天是动物的发情期，而人在春天也容易意乱情迷，乱性、偷情、性犯罪在春天的比例最高，所以“和谐”这自然法则同样适用于人。

考察人的容貌，总的原则是：相顾相称，则福生。不以美丑长短为标准，更不能以貌取人。

2. “神”存于内心

精神贯穿在一个人生命的始终，是生命力的表征。生命力强旺，精、气、神、血就充足丰沛，脉相沉稳有力。如果血枯气散，精神恍惚，就是生命力衰竭或受损之象。“大伤元气”就是精、气、神、血受损伤。

但精、气、神三者却是看不见的。质藏于形内，又决定形的神韵风姿。中医理论认为：形有助于养血，血有助于养气，气有助于养神。如果形体完备无损，血液就能够流通（中医有“通则不痛，痛则不通”的说法）；血液流通无阻，气就能顺畅；气一顺畅，神就明清爽朗。因此说，形能养气，气能安神；气不沉稳，思想就浮躁，心静不下来。这种状态下，人去办事是收不到良好效果的。

精、气、神、血的稳定性是一个较长时期的过程，如果四者长时间浮躁不定，精力不能集中，做事效率低，才能得不到充分发挥，事业兴衰可想而知，长此以往，命运的通达塞滞不言自明。反之，精、气、神、血四者旺足，生命状态奇佳，精力高度集中，处于亢奋状态，可以激发体内潜能，超水平发挥，平常有五分能力，突然间会暴涨至七分、八分，事业自然会顺利发达。成绩平平的学生会考出高分，精神亢奋的运动员会做出惊人神技，原因就在于此。精神足与不足，影响到才能的发挥，从而决定事业的成败和命运的好坏。

精神状态良好，能调节激发体内潜能和灵感，超水平发挥就有实现的可能。

气沉不下来，就做不好事情。“神”与“精神”还不是一码子事。神是一个人生命力、行动力、意志力和思考力的综合体现，是有质无形的东西，主要集中在人的面部，尤其是在两只眼睛里。人们看不到它的实体，却能够感觉到它的存在。经由各种磨炼，神会发生变化，智慧、阅历、才能和信心增长了，神也会更加明清精湛，丰厚纯熟。

神是一种气质性的东西，能在后天的环境中发生变化，可能来自于磨炼，也可能来自于阴阳的调和。

后天的磨炼更为重要，也是才能、信心、智慧增长的源泉。生命力可以通过锻炼和加强营养来增强，行动力是在处理事务中增长的，意志力是需要不断磨炼而更加坚强的，思考力在学习和应用中会一点一点成熟完善。四者是统一协调发展、相互促进的。意志力能把生命力提高到极限，在生命力脆弱时顽强地拼搏，也能克服恐惧和无助感，提高行动力，帮助思考力找到正确的答案。思考力则能改善、提高行动力的准确性，而经由行动力的不断实践又有助于思考力的正确性。

总之，生命力是基础，行动力是武器，意志力是动因，思考力是统帅。

在它们的协调发展中，神就更加圆润纯熟。由于修养深浅的变化，有的人神光内敛（大才），有的人锋芒毕露（中才），如果无神无光，则不足论了。

在考察人物的过程中，有一种普遍现象，人们比较容易识别与自己同类、同级或比自己低的人才，而对不同类型、比自己才高的人则判断不准了，加上受个人好恶的干扰，就会造成众多的识人错误。

该生读到相当程度，他的气质与其他人就不同。历经风雨事变的考验，气质神态又有不同，这也是精神的一种表现。神是藏于形之内的，形也就是容貌，尤其是眼睛，神与眼睛的关系就像光与太阳。神通过眼睛外现出来，犹如光从太阳里放射出来普照外物，但神是藏于目之中的，犹如光本身就存在于太阳内部一样。

读书读进去了，那是一种气功态。换句话说，读书人长期在练气功，气质与常人也有不同。但他们中也有心怀邪念的小人，也有落井下石、拐骗别人妻女财物的不义之士，在文儒雅士、谦谦君子的文明面纱掩盖下，该如何识别呢？

主要通过眼睛察神，因为一个人的所思所想很多时候会通过他的眼神表现出来，所以，通过观察一个人丰富的眼睛语言，也可以在某种程度上对他有一个大致的了解和认识。

江忠源是湘军中很有代表性的文人勇将，他在北京参加科举考试时以同乡晚辈的身份去拜见曾国藩。见面后，两人谈得很投机，曾国藩很赏识江忠源的才华。江忠源告辞时，曾国藩目不转睛地看着他离去，直到他走到门外（当时曾已官至二品，而江忠源只是一个读书人）。后来曾国藩对左右人说："这个人将来会立名天下，可惜会悲壮惨节而死。"

太平军在广西起义后，江忠源带领所办团练进驻广西，奔赴广西副都统乌兰泰帐下，准备狙击节节胜利的太平军。曾国藩知道后，从北京给江忠源写信，坚决反对他投笔从戎。旁人认为曾的举动是"爱人以德"，不愿江忠源以文员夺武弁之制，但是否与他认为江忠源"当会悲壮惨节而死"有关呢？可惜曾国藩在书信、日记中都未提及此事。

江忠源与太平军的第一次作战大功告成，他率军在广西蓑衣渡设伏，重创太平军，太平军的南王冯云山牺牲。江忠源因此以善带兵而名闻朝廷。后来江忠源累积军功，由七品知县迅速升任安徽巡抚。1854年，太平天国勇将石达开迎战湘军。江忠源防守庐州，被太平军围困，城破，江忠源苦战力竭后，溺水而亡。

曾国藩是根据什么而做出了这样准确的判断呢？已无从考证。但可以肯定的是，曾对江注视良久，实际是在观察江的"神"，并以此做出的推断。

纵观古今人物，身为团体领导人，唯有曾国藩留下了一套鉴别人才的非常系统的学问——《冰鉴》。唐代的袁天罡、宋代的陈抟，都是鉴别人物的高手，但他们都不是世俗中人，偏僧偏道，游于山水之间，过着神仙似的生活。而曾国藩秉承“兼善天下”的思想，却从未打算要归隐山林。他祖父也是鼓励他要竭尽血诚效忠朝廷的。

同“形”一样，神也有神不足与神有余之分。要区分人的能力和前程，相貌外形是靠不住的。比如王安石是一个不修边幅的人，衣服一月不洗，身上还有虱子，眼睛是眼白多于眼黑，这样连一般人都讨厌的人却流芳百世。因此，以貌识人是基本功，以神识人才是真功夫，表现为洒然而清，或者为凝然而重，这都是好的，皆来自于内心的清明厚重，形与质的关系就是由神知心的理论根据。内心清明厚重，思维正确，大脑清醒，判断正确。神清，是内心聪明智慧的表现，如果一清到底，光明澄澈，那么这样人的命运、事业也就是好的。如果神浑浊不明，内心的聪明智慧也没有多少，或许可以制造一点无聊的笑料，却不足以当用，这样的人就不足为论了。

神有余的表现是：眼光清莹流转，目不斜视，眉毛清秀尾长，容色澄澈如冰泉，清如一泓秋水。极目远眺时，如秋日长空里太阳照霜天；收目近观时，如春回大地和风拂过鲜花。处理事务时，果断刚毅，镇定沉稳，临危不乱，如猛虎踏步深山中；与众人处时，和和融融，却又不为众人所淹没，像凤凰飞翔在雪原上，始终不失去娇美和艺彩，成为众人瞩目的焦点。坐，稳如磐石；卧，静如栖凤；行，洋洋洒洒，缓缓如江水徐流；立，敦敦昂昂，气势如孤峰树于平原。沉默静养，气定神闲，言不妄发，性不妄躁，喜怒不动心，荣辱不变节。世事纠纷错于眼前，利色诱惑纷纭身畔，而守贞如玉，心静如水。这样的人动如脱兔，静若处子，不为外物所动，既能得众人的喜爱和钦佩，又有做大事的才力风范，自然前程远大。

神不足的表现是：似醉非醉，头脑浑浊不清；不愁似愁，经常忧心凄苦；似睡非睡，一睡便又惊醒；不哭似哭，经常哭丧着一张脸；有嗔似嗔，不喜似喜，不惊似惊，不疑似疑，不畏似畏。神色昏乱不定，容仪浊杂不清，惊惶恍惚的神情状态；就像出现重大失误，凄惨悲壮而又痛苦不堪，甚至带着恐怖感。言语瑟缩寒滞，隐藏不定，卑躬自怜，有如女子遭人凌辱。面色初时花艳，继而暗淡无光；语言初时迅捷，继而吞吐木讷。这样的人做事往往虎头蛇尾有始无终，其事功前程自然可以预见。

熟知了神有余与神不足的区别，就很容易判断一个人的生命力、行动力、意志力和思考力的强弱。前面所列举的各种表现犹如病状，由病状来判断病情，再佐以验血、照光等手段，病情就十拿九稳。由神察人心性才能也大抵如此。

察神也不是一个静态的过程，除了观察眼光清莹浑浊外，还要结合他的举止、言语，才不会有偏失。精神是贯穿人的生命始终、身体各部位的。有一种小女子，身材不高，却浑身透着青春的活力，精力旺盛，思维敏捷，这是神有余的一种表现。有许多身材并不高大的伟人，也多是身小声雄、神有余的。神有余，就有足够充沛的精力来从事比他人多得多的工作和学习，因此，能做出超过常人的成就来。

3. 以“鼻”察人心

人的鼻子有没有身体语言，学者们看法不一，有人说有，有人说没有。

认为鼻子没有身体语言的理由是，鼻子本身是不能动作的器官，就像耳朵一样，因此，它们自身不能发出“姿势”信息，也就不可能有身体语言。至于用手摸鼻子和摸耳朵所发出的信息，应归为手的“语言”。

事实上，鼻子跟耳朵不同，耳朵确实不会动。就这一点，人不如有些动物，如狗遇到“风吹草动”，就竖起耳朵，这表明有“情况”。人的耳朵是“死”的，它只能跟着头动，而自己不会独立地动。但鼻子则不然，它可以自己动。比如，人们都熟悉的“嗤之以鼻”这个词，实际上是有动作的，也就是说，在发出“嗤”的声音时，鼻子是往上提的，只不过动作轻微，不易察觉，但轻微也是有动作的，也是能发出“瞧不起某人”这种信息的。

最近，有位研究身体语言的学者，为了弄清这个“鼻子”的“语言”问题，专门做了一次观察“鼻语”的旅行。他去车站观察，在码头观察，到机场观察。他旅行了一个星期，观察了一个星期。由此得出两点结论：

（1）旅途中是身体语言最丰富的。因为各种地区、各种年龄、各种性别、各种性格的人汇集在一起，而且都是陌生人，语言交流很少，但心理活动又很多，所以，大量的心态都流露于身体语言。他说：“旅途是身体语言的试验室”。

（2）人的鼻子是会动的，因此，是有身体语言的器官。他说，根据他的观察，在有异味和香味刺激时，鼻孔有明显的张缩动作，严重时，整个鼻体会微微地颤动，接下来往往就出现“打喷嚏”现象。他认为，这些“动作”都是在发射信息。此外，据他观察，凡是高鼻梁的人，多少都有某种优越感，表现出“挺着鼻梁”的傲慢态度。关于这一点，有些影视界的女明星表现得最为明显。他说，在旅途中，与这类“挺着鼻梁”的人打交道，比跟低鼻梁的人打交道要难一些。

人的五官中，鼻子和耳朵是最缺乏活动的部位。因此，很难从观察鼻子的动作读出对方的心理。人们对于鼻子高、低、朝上、朝下等形状或种类所象征的性格，有各种的说法，但这些毕竟是指固定不动的鼻子而言，无法掌握鼻子捉摸不定的动作，也就是说，这种由鼻子的“长相”看人的个性，与心理动向毫无关系。而诸位不妨以读心技术的立场，从注意鼻子的动静，试着“看”出对方的内心。

（1）鼻子胀起来时

在谈话中对方的鼻子稍微胀大时，多半表示对您有所得意或不满，或情感有所抑制。通常人的鼻子胀大是表现愤怒或者恐惧，因为在兴奋或紧张的状态中，呼吸和心律跳动会加速，所以会产生鼻孔扩大的现象。因此，“呼吸很急促”一语所代表的是一种得意状态或兴奋现象。

至于对方鼻子有扩大的变化，究竟是因为得意而意气昂扬，还是因为抑制不满及愤怒的情绪所致？这就要从谈话对象的其他各种反应来判断了。

（2）鼻头冒汗

有时这只是对方个人的毛病，但平日没有这种毛病的人，一旦鼻头冒出汗珠时，应该说就是对方心理焦躁或紧张的表现。如果对方是重要的交易对手时，必然是急于达成协议，无论如何一定要完成这个交易的情绪表现，因为他唯恐交易一旦失败，自己便失去机会，或招致极大的不利，就使心情焦急紧张，而陷入一种自缚的状态。因为紧张，鼻头才有发汗的现象。

而且，紧张时并非仅有鼻头会冒汗，有时腋下等处也会有冒汗的现象。没利害关系的对方，产生这种状态时，要不是他心有愧意，受良心谴责，就是为隐瞒秘密而紧张所引起的。

（3）鼻子的颜色

鼻子的颜色并不经常发生变化，但是如果鼻子整个泛白，就显示对方的心情一定畏缩不前。如果是交易的对手，或无利害关系的对方，便不要紧，多半是他踌躇、犹豫的心情所致。例如：交易时不知是否应提出条件，或提出借款而犹豫不决时的状态。

有时，这类情况也会出现在向女子提出爱情的告白却惨遭拒绝时。自尊心受损、心中困惑、有点罪恶感、尴尬不安时，才会使鼻子泛白。

上述的鼻子动作或表情极为少见，而平常人更不会去注意这些变化。但如想知人知面知心，就必须详加注意人的鼻子动作、颜色等，并加以配合，以获得正确的判断。

4. 从嘴巴了解内心与性格

嘴巴对于人而言，其重要性是不言而喻的，通过它可以把食物送到肠胃里，以维持生存的必需，也是通过它，进行与外界的沟通和交流。

人嘴部的动作是很丰富的，这些丰富的嘴部动作，从某种程度上可以折射出一个人的性格特征和心理态度，不信仔细观察观察。

人们常用吐字清晰，口齿伶俐来形容一个人的嘴上功夫，说他口才好，能言善辩，这只是其中的一个方面。凡是嘴上功夫好的人，不论知识水平高低，一般来说，思维都相当敏捷，而且人很机灵，一点也不显呆板和笨拙。在人际关系方面，对于这一类型的人要分两种不同的情况来讨论。一种是人际关系处得不好的，这是因为他们倚仗自己的口齿伶俐，总是处处抢先，出风头，而对别人持不屑一顾的态度，自己不在理上，也要争个天昏地暗。这种为人态度当然不会受人欢迎，人际关系处不好也是很正常的。而另外一种则完全不同，他们希望自己和所有人都处好关系，并努力朝着这一方面做。这种人多比较圆滑，他们能够依靠自己的口齿伶俐和能言善辩来化解各种矛盾，促使个人的人际关系和谐。

人的下嘴唇往前撇的时候，表明他对接受到的外界信息，持不相信的怀疑态度，并且希望能够得到肯定的回答。

人的嘴唇往前撅的时候，表明此人的心理可能正处在某种防御状态。

在与人交谈中，如果其中有人嘴唇的两端稍稍有些向后，表明他正在集中注意力听其他人的谈话。

嘴角稍稍有些向上，这种人看起来很机灵或是活泼，而且他们的性格大多也是比较外向的，心胸比较宽阔，比较豁达，与人能够很好地相处，不固执。

下巴缩起的人，做事多比较小心和谨慎，能够很好地完成某一件事。但这种人多比较封闭和保守，而且疑心很重，在一般情况下不会轻易地相信别人。

下巴高昂的人，给人的第一感觉往往是清高气傲，这种感觉在很多时候是没有错的。下巴高昂的人多具有强烈的优越感，且自尊心很强，常常会否定别人，对别人所取得的成绩持不屑一顾的态度。

在与人交谈时，用上牙齿咬住下嘴唇，或是用下牙齿咬住上嘴唇以及双唇紧闭，这多表示一个人正用心地听另外一个人的讲话，他可能是在心里仔细地分析对方所说的话，也可能是在认真地反省自己。

口齿不清、说话比较迟钝的人，可以分不同的情况来讨论：一种人是不仅在说话方面表现得不够出色，在其他各个方面的表现也都是相当平庸的，这样的人若想获得很大的成就，可谓是不易。还有一种人，他们的语言表达虽不精彩，而且也不太经常表达自己，但一旦表达，肯定会有不凡的见解，这说明这个人具有某一方面或某几方面比较出众的才能。

说话时用手掩嘴，说明这个人的性格比较内向和保守，经常害羞，不会将自己轻易地或过多地呈现在他人面前。用掩嘴这个动作另外一个意思，还表明可能是自己做错了某一件事情，而进行自我掩饰，张嘴伸舌头也有这方面的意思，但也还表示后悔。

在关键时刻，将嘴抿成“一”字形的人，其性格多比较坚强，有股不达目的誓不罢休的顽强韧性。这样的人对某一件事情，一旦自己决定要做，不管其中要付出多少艰辛，多数都会非常出色和圆满地完成。

5. 表情是看透人心的镜子

表情是内心活动的写照，透过表象窥探心灵的律动，把握情绪变化的尺度，了解感情互动的根源，表情就是传递这种信息的显示器。

在人类的心理活动中，表情是最能反映情绪表面化的动作，中国传统的人相学以脸型、相貌等占测一个人的性格与命运，是有失偏颇的，但如果凭面部表情来推测和判断一个人的性格，大致上是有相当的准确性的。

1973年美国心理学家拜亚，曾经做过这样一项实验。他让一些人表现愤怒、恐怖、诱惑、无动于衷、幸福、悲伤6种表情，再将录制后的录像带放映给许多人看，请观众猜何种表情代表何种感情。其结果是，观看录像带的这些人，对此6种表情，猜对者平均不到两种。可见，表演者即使有意摆出愤怒的表情，也会让观众以为是悲伤的感情。

从这个事例上看，虽然表情对揭示性格有很大程度上的可取性，表情相对于语言更能传递一个人的内心动向，但要具备在瞬间勘破人心，看似简单，实属不易。人类在长期生活实践中，学会了掩饰内心真实情感的手段，这种手法在现代商业谈判中屡见不鲜，洽谈业务的双方，一方明明在很高兴地倾听对方的陈述，且不时点头示意，似乎很想与对方交易，对方也因此对这笔生意充满信心。没想到倾听方最后却表示："我明白了，谢谢你，让我考虑一下再说吧。"这无疑给陈述方当头浇了一盆凉水。

人们一般可以从面部发生的不同表情和动态中，窥探到对方的性格特征和真实意图的大致面目，把这种表情细致地描述出来，大概有如下几种情形：

当一个人正在工作时，忽然沉默下来，而且，很明显地露出不愉快的表情。那么这种人在危机的状况下，极难承受得起精神上的负荷。他属于欲求不满而又缺乏耐性的人，对于事态的发展方面，无法应付自如；在实际生活方面，他根本就缺乏坚强的性格；如果是在逆境的情况下，他就会立刻表现出软弱的本性。

这是一种失衡的表情，由于内心的冲突，使他的面部表情失去原有的平衡。对于一般人而言，佯装出一种与感情不符的表情，是一件非常不容易的事情，因为内心的活动，会造成他脸部肌肉发生连锁性反应，表情的变化随之而产生了。

如果某个职员不满公司主管的言行，却只能敢怒不敢言，只好装出一副毫无表情的样子。而事实上，不管这人如何压抑那股愤怒的感情，内心的不满依然很强烈，如果仔细观察他的面孔，你会发现他的脸色有不对劲的地方。

还有两种可能造成毫无表情的情形。一种是漠不关心，另一种是根本没有放进心里去。当然，这种表面上的情形，也可能意味着他对人非常关心，而是不愿让人轻易地看出来。有一种脸上的表情跟内心的情绪恰恰相反，但从面部肌肉的运动所呈现喜悦的表情来看，是笑的范畴。

原因在于愤怒、憎恨、悲哀等感情能够从面部表现出来，很容易成为阻碍正常社会活动的因素，所以人们都竭力设法压抑这种负面的感情，而尽量表露出喜欢或笑容满面的正面表情。所以在现实生活中，人们总是喜欢正面角色，而讨厌反面角色，就是这个原因。

在现实生活中，最能体现这种现象的例子莫过于夫妻之间的争吵。当彼此间的不调和达到很激昂的情况时，不快乐的表情反而会逐渐消失，结果呈露出愉快的笑脸，态度也显得谦恭而亲切。

假如彼此间常常会陷入强烈的敌意和反感之中时，倘若在对方的面前表现这种敌意和反感的话，不但会给对方带来不愉悦，对家庭，社会都有不良的影响，所以，在这种心态的支配下，产生了言不由衷的表情。这是一种无奈的方式。它具有双重社会功效，既需要预防，也需要提倡，关键是针对什么样的人，采取这种表情的使用方法。

人的喜怒哀乐，是通过脸部的活动来表达的。很少有人注意过人左右脸的变化并不是对称的，表情先是由左脸开始的。

一位美国学者沃尔夫对人的面部表情做了深入的研究后，他在论文中指出，人的脸部在表达情绪时，左边要比右边变化来得强烈。

论文发表后，美国宾夕法尼亚大学心理系三位心理学家随即找了86个不同性格的人，进行了一系列实验，结果证实了沃尔夫的论断：人面部表情左右不对称，表情变化是通常先由左脸开始的。这是由于左脸是由大脑右半球所控制的缘故。大脑右半球通常和外界有着直接的联系，不必通过言语作为媒介（言语是由左半球控制的），因而左脸的表情要比右脸来得快，来得强些。

这就是说，人的大脑分为两半球，发自内心的感情通常由右脑控制，却具体反映在左脸上；而左脑则专司理智性感情（即经过克制和伪装的感情），然后反映在右脸上。因此左脸的表情多为真的，右脸的表情有可能是假的。若想知道对方的真实感情，必须强迫自己去观察对方的左脸。

从面部表情上，读透了内心所蕴藏的玄机，是识人高手厚积一世，而薄发一时的秘籍，而最经典的莫过于三国时，诸葛亮和司马懿合唱的“空城计”了。

一部《三国演义》，让妇孺皆知、耳熟能详的莫过于“空城计”，当诸葛亮带领一帮老弱残兵坐守阴平这座空城时，兵强马壮的司马懿父子，率领20万大军兵临城下。

在城墙之上，诸葛亮焚香朝天，面色平静，他旁若无人地洞开城门，自己端坐在城墙之上，手挥五弦，目送归鸿，飘飘然令人有出尘之想。

一场千古的双簧戏，由此拉开了帷幕，诸葛亮和司马懿，这对谋略上势均力敌的高手，一个在城墙之上，一个在城墙之下，用心机对峙着。诸葛亮知道司马懿一眼能看穿他虚张声势的空架势，但诸葛亮更知道，司马家族和曹氏家族的冲突，倘若司马懿拿下了诸葛亮，三国鼎立之势不再，司马家族目前羽翼未丰，最后难逃兔死狗烹的下场。娴于军事的司马懿当然知道帮刘邦打天下的韩信的下场。诸葛亮的存在，让司马懿有了和曹操周旋的机会，对付诸葛亮，曹操还必须倚重司马懿，诸葛亮一倒，曹操立刻没了后顾之忧，安内是必然之举，那一刻，哪里还有司马家族的容身之地。

所以，在表情平静的背后，两人心中都在波澜起伏，就是因为诸葛亮一生谨慎，心知司马懿不会下手，才敢下这招看似冒险之局，当司马懿的儿子提醒说，诸葛亮在使诈，城中必无伏兵，心知肚明的司马懿，立即打断他的话，以诸葛亮一生唯谨慎的话，搪塞过去了。机智的司马懿从诸葛亮平静的表情上领悟到，这是诸葛亮用谋略和他合唱双簧戏，这出戏，非大智大慧的人，绝不可能唱得如此之好。

6. 气质观人法

一个人的气质和他的行为有着密切的关系，气质常常决定一个人行为的方式，而行为又表现为与气质相吻合的特征。辨别一个人的气质，对于合理调配人的行为规范是有重要影响的。

气色的变化还能体现出一个人的心态："所以忧惧害怕的颜色大都是疲乏而放纵，热燥上火的颜色大都是迷乱而污秽；喜悦欢欣的颜色都是温润愉快，愤怒生气的颜色都是严厉而明显，嫉妒迷惑的颜色一般是冒昧而无常。一个人，当其说话特别高兴而颜色和语言不符时，肯定是心中有事；如果其口气严厉但颜色可以信赖时，肯定是这个人语言表达不是十分流畅敏捷；如果一句话未发便已怒容满面时，肯定是心中十分气愤；将要说话而怒气冲冲时，是控制不了的表现；所有上述这些现象，都是心理现象的外在表现，根本不可能掩饰得了，虽然企图掩饰遮盖，无奈人的颜色不听话啊！"

"色"是一个人情绪的表现，"色"愉者其情欢，"色"沮者其情悲。也有不动声色之人，需从其他角度来鉴别他们的情绪状态。

从今天的观点来看，人不是生而知之的，但人确实与先天气质有关系。要了解那些从娘胎里给我们带来的气质特征，对照下列内容可以观其大概。

（1）躁郁型

能与性格古怪、思维方法不一样的人轻松往来；乐意为他人服务；听到悲哀的话，立即为之感动；做事冲动，常办错事；常被他人称为好好先生；遇事不冷静思考，就立即采取行动；服从分配，领导叫干啥就干啥；对初次见面的人很容易亲近；能轻松地与人谈笑，开玩笑；不古怪，不别扭。

（2）积极型

刚毅勇敢，不输他人；别人常想他是一个有作为的人；不重利，认为得利必有失；坚信自已的信念；善于自我解释；经常积极、活跃地活动，与自已的心情好坏无关；动手能力强，自我倾向性强；不易接受他人意见；做事有恒心，失败了不灰心，顽强奋斗，坚持到底；不受他人情绪好坏影响。

（3）分裂型

不善交际，独自一人也不寂寞；宁愿多思考，也不轻易采取行动；呆呆地好像在想什么问题；对他人的喜怒哀乐并不介意；人家都娱乐时，他会以自已的某一件事而忧虑：有点神经质，对世俗的反映显得迟钝；给人的印象是冷淡，不易亲近；并非恶意，但有时会挖苦人家；进入新环境中，不容易与他人亲近；对任何事物总是从广泛的角度去深思理由，不喜欢在某一规定范围内行动。

（4）黏着型

做任何事一开始就孜孜不倦，有耐心；常被人指责为不通融合群；做事毫不马虎；与人交往中绝不缺情，正义感很强；处理事物时，原则性很强，但方法不太漂亮；常勃然大怒；专心处理一件事时，未做完之前，其他事一概不管；心情好时，动作也来得慢；一方面积极、一方面保守；喜好洁静。

（5）否定型

内心烦恼，但表情上不表露；自卑感强；做什么事都犹豫不决，没有决心做下去；不希望想的事，偏偏要留在脑子里想；即使是微不足道的小事，也表现出恐惧之感；自己做过的事，时常挂念在心里；对做过的什么事都没有满意的时候；已经过去了不顺利的事，还永远记在心里，闷闷不乐；意志消沉，没有耐心；应该说的，不敢说出来。

（6）折中型

有时含着微笑讲话，有时却冷淡对人；时常无缘无故地不耐烦、大发雷霆；平时心情悲观，但有人安慰时显得高兴、愉快、任性，说话表情过分；相信道听途说，容易接受他人暗示；喜欢华丽，好摆阔气；有时显得撒娇；多嘴多舌，但感情冷淡；喜好炫耀自己。

除人的类型之外，血型也是影响气质的重要因素。我们知道，每个人都有自己的血型特征，气质特征和性格特征。血型特征与气质特征都以遗传因素为主，绝大多数成分产生于先天，而性格特征则因人的后天修养累积而成，可以改变，也可以或多或少地影响人的气质特征。概括地说，气质既是内在的修养，又是外在的表现，人可以用知识来弥补气质上的不足，遮掩其中的缺点，并使优点发扬光大。

如果观察不到这些，而只凭一个人的长相来识人，那十有八九是会失误的。

7. 体型——性格特征的视窗

《截相法》中说："好头不如好面，好面不如好身。"接着，又引胡僧之言说："人不在长短，要取身方端正。"相术对身躯的重要性从这几句话中可以想见。同时"身方端正"一语，可谓要言不烦。从人的言谈举止中，虽然也可以看出一个人的内心活动的大致，但通过对体型的观察，更可以看出对方的某种特殊的潜质。

英国的行为学学者雷咨蒙度·摩利斯说："人并不比其他动物特别高级或特别低级。"人也属于动物的一种。动物有不同的体型，人也有不同的体型，如肥胖型、枯瘦型、筋肉型。这样的体型出现在人类的身上，受多种因素影响，但多少可以表示一个人的性格。不论你在商场或日常生活中，想要一切圆满的话，就需要保持良好的人际关系。要达到这个目的，首要条件就是探知对方的性格。

根据德国学者雷琪玛的性格判别方法，大致可依据6种体型来分析人的性格。

（1）筋骨强壮而结实的形态——坚忍质

筋骨强壮而体格结实通常是坚忍质形态的人。这种人筋肉和骨骼发达、肩膀宽大、脖子粗，故从事举重、摔跤和土木工程方面的工作，可望出人头地。然而，在公司银行当经理的人，也会有这种形态的。这种人做事认真、忠实，当公司或银行里的经理是最恰到好处的，这是坚忍质人的第一特征。

第二特征是情意浓厚、注意秩序，且过着踏实的生活。

第三特征是精神拍子慢半拍，经常有打圈子的地方，此特征在言谈间会表露无遗，连写信也是形容词用得很多。所以在谈到电影情节时，会发表一大堆谬论。

按照上面所说的各点，这种人虽很可靠，唯独缺乏情趣，呆板。被妻子要求离婚的人，也是这种类型的人居多。

古人在这个方面，也颇有见解。清代的查继佐就是其中的一位，他慧眼识英雄，济人于难，最终也为自己免去了一场牢狱之灾。

喋血庄氏《明史》案，是清初最大的一起文字狱，被凌迟、斩决的达70多人，震惊华夏。事源起于浙江湖州府南当镇上的庄廷钱。他很有抱负，不料一场大病导致双目失明，之后，意外地得到明朝相国朱国桢修撰的《明史》的最后几十卷手稿。庄廷钱立志学左丘明盲目著《国语》的事迹，聘请江浙文人吴之铭等十多人，对该稿进行整理和润色，更名为《明史辑略》，署上庄廷拢并江浙十八名士的名字刻印刊行，其中有江南名士查继佐（即查伊璜）。可惜庄廷拢未见到《明史辑略》正式出版就去世了。

虽然修史诸人已将文中不利于清廷的文字一一删去，但字里行间仍读得出怀念前朝、扬明贬清的意味。更大的遗漏是，文中历年仍按明代年号编排，称清先祖和清兵为“贼”，称清为“后金”等等。湖州人士吴之荣抓住这个漏洞，想借此升官发财，将“反书”告了上去，一直告到刑部。参加修订工作的十多人自然脱不了干系，因牵连入狱的达2000多人，处死的有70多人。列名参订的18人除查继佐外，无一幸免（时庄廷拢已死，被开棺戮尸）。

查继佐能够在这场文字狱中逃脱厄运，是与他数年前一段奇缘有着重要的关系。

那年岁末，天降大雪。查继佐独自饮酒，颇觉无聊，到户外赏雪景，见一乞丐在屋檐下避雪。那个乞丐虽只穿了一件破旧单衣衫，在寒风雪冻中却丝毫不以为意。走近一看，查继佐见他生得身材魁梧，骨骼雄奇，心下非常奇怪，便对那位乞丐说："雪一时不会停，去喝杯酒如何？"乞丐爽快地答应了，无丝毫忸怩受宠之态。乞丐喝了20多碗仍无酒意，查继佐却已趴在了桌子上。

第二天醒来，查继佐忙去瞧那位乞丐，见他正在园里赏雪。寒风吹过，查继佐只觉冰气入骨，那乞丐大大方方接过银子，道声"好说"，也不言谢，扬长而去。

原来这位乞丐身负绝世武功，名叫吴六奇，一时落魄江湖，受阻于风雪中，后因军功累官至广东省提督，在《明史》一案牵连到查继佐时，出面救助了他。查继佐虽为一时之兴，未必真识出吴六奇的才干气运，但仍有"那乞丐非一般可比"的见识意气，因此在《明史》一案中逃脱性命。

查继佐是从古人关于筋与骨的论述中，推断出吴六奇"非一般可比"的见识的。古人在这方面有精辟的论述。洪应明的《菜根谭》中对筋骨之论，是二者分而论之的。他认为：

观察一个人的"筋"，能识别他的胆量。"筋"劲，其人勇猛有力；"筋"松，其人怯懦乏劲，像柔弱无缚鸡之力的酸腐书生。一个人手足如受到伤害，医生要专门察看一下手足能否自由地活动，如伸展自如，表明筋腱完好无损，医治起来不甚麻烦。

"筋"是一个人力量的基础。"筋"强劲，其人势勇，行事大胆洒脱；"筋"软弱，其人势怯，行事唯唯诺诺，无甚主见。这一个特征很难在鉴别人才时单独使用，往往与"骨"等特征合并运用。

观察一个人的"骨"，能识辨他的强弱。"骨"健，其人强壮，"骨"弱，其人柔弱。曾国藩在鉴识人才时，认为"神"和"骨"是识别一个人的门户和纲领，有开门见山的作用。他在《冰鉴》中说："一身骨相，具乎面部。"他经常将"筋"和"骨"联在一起来考察一个人的力量勇怯。

（2）肥胖型而脂肪质的形态——躁郁质

脂肪质和肥胖型的体型之特征，往往胸部、腹部和臀部十分宽厚。因腹部附着脂肪，所以从整体看来，像是有很多肉。一般说来，中年是最容易肥胖的年代。因开心过度而肥胖，就是脂肪质和肥胖型的体型。

同这种体型的人接触，你往往可以享受到对方开放而浓郁的人情。这种人日常十分活跃，一旦被人奉承时，任何事情均愿代劳，虽然本人口头上说“很忙”“很忙”，事实上，终日享受着忙碌的乐趣。这种人偶尔也会忙里偷闲，是个有趣的可爱人儿。

这类人一般会兼有开朗、积极、善良、单纯的多重性格，且活泼、幽默；另一方面，这种人具有稳重和柔和正反两面的性格，特别表现在欢乐和苦闷的时候。而这些，正是躁郁质的特征的外在表现。

这类人通常适于从事政治、实验工作或临床医师。往往能出类拔萃，且因天赋敏锐的理解力，凡事有迎刃而解的能力，唯对事情的思虑缺乏一贯性，言谈间极易因轻率而失言，并且自恃高大，喜欢干涉对方。

如果你和这类人或这种上司交往的话，他们会是开放的社交人士，因此，在你们初次会面的那一刹那，即能一见如故相谈甚欢。但这类人喜欢照顾别人，这份关怀天长日久容易演变成压迫似的形态。

（3）单纯而不成熟的形态——歇斯底里

在你的周围可能经常会见脸孔状如小孩未成熟形态的人。这种形态的人，通常具有自我观念刚强的性格。这类人的周围经常是热闹非凡的气氛，话题的中心不是自己时，就不开心，同时对别人所说的话一点都不听，非常任性。

此种形态的特征是，各方面都有浅薄而广泛的知识；有用这种知识对小说、音乐、戏剧加以评论的才能，同时具备其他各种知识，讲话时妙趣横生，经常使人捧腹大笑。

对于这种形态者，询问有关他自己的事情时，更会眉飞色舞地说个不休，并且在言谈之间常喜欢标榜自己如何，使人常感到过于放纵，而产生不舒服的感觉。

从另一角度看，这类人可谓是天真、浪漫的人，殊不知自己还有没变成大人的地方，真值得悲伤。自己被人奉承时还好，一旦受人冷淡摒弃时，嫉妒心会变得很强烈，形成一种歇斯底里的状态，对于这种人要特别注意。

在你所知道的女性中，若有这种歇斯底里型的人时，最好不要多讲话，只要听她发表即可。如果你交际的对象有此种类型的人，在有生意来往时，关于此点要特别注意。万一过分信赖这种人时，自己受到损害的例子实在不胜枚举。

（4）瘦瘦细条的形态——神经质

一提到神经质型，人们都会自然地想到脸色发青、细的线条，具有知识分子的风范。其实神经质的人，不仅是这种特征，从另一个角度看，具有男子气概、豪放磊落而胖墩墩的人，也有神经质的倾向。

这类人最大的特征是任何事情都归咎到自己身上。带有强迫性格，喜欢自寻烦恼，以至于自己想要诉说的苦衷难于表述，结果被人把责任强加到自己的头上。

这种类型人最大的特征是心情不安定，情绪容易失去平衡，且容易混乱，他自己本身也非常开心。其实这种性格是一种难能可贵的性格，具有丰富的感受性和纤细的感觉，是生活态度非常慎重的人。他们如果从事艺术性的工作，大多可以取得别人做不到的成就。

（5）略带纤瘦但体态结实的——偏执型

这类人略嫌纤瘦，但体态结实，自我意识特别强烈，且很固执，对任何事情喜欢挑战。有强烈的信念，充满信心，不论遇到怎样的苦境，都秉持成功的目标去努力。

强烈的信心加上判断灵敏，做事果断，在商业方面实在是前途无量。相反，当这种人误入歧途时，就会变成强制、专制、高傲、猜忌、蛮横，且表露无遗。在工作岗位上一言不发瞪别人时，那个人马上就会被摒出人群之外。一旦一个念头缠在脑子里，想要更改非常困难。具有如此体型的人，他们在事业和做人方面，都缺乏应有的性格魅力，但他是一个有能力且可能具有相当权力潜质的人，但由于性格上的弱点，即使是别人跟随他，迎合他，他同样还是会和别人保持心理上的距离，他在家庭生活中也可能是个孤家寡人。

与这类人交往时，绝不可与他形成对立，这种人具有抗争性和攻击性，他的偏执，让他一直会把自己的观点强加给别人，直到被别人认可时为止。

（6）纤瘦型有影子的形态——分裂质

对纤瘦型者有一句流行语——“苗条”，甚至还有人说“瘦子特别能吃”或“某方面很强烈”，这都是观其外表。此类型者，虽然外表似乎虚无的样子，实质上是很难应付的人。若为女性，性格刚烈，一旦发怒后果将不可收拾。

与这类人交往时，应该了解他神经纤细并且本性善良，是对生活采取慎之又慎态度的人，但他性格上的犹豫不决和意志薄弱，容易产生气馁心理，是个令人难于捉摸的人。

这类型的特征一般是冷淡、冷静，然而性格复杂且无法适当地表明立场。因为这种人有相互矛盾的分裂质。比如对于幻想兴致勃勃，保持快乐的一面，不喜欢被人探出隐私，且心事仿佛用冷酷的面罩覆盖着。

对于这类人，有人会不喜欢而视之为平凡的朋友交往，有人感觉到这类人是不易接近的贵族，具有罗曼蒂克的气氛。

这类人对无关紧要的事固执己见、怪癖、不变通、倔强，并且表情呆板，在没下决心之前用行动来决定，这就是纤瘦人的缺点。这种人因为有纤细神经的关系，其优点是对文学、美术、艺术等兴致盎然，且对流行有敏锐的感觉。纵使拿出自己的财产，也要尽力为大众服务。社交上，有非常优雅的手腕。

以上几种关于体型窥探内心的途径。虽具有一定的科学性，但不是一试就灵的法宝，它因人而异，学会正确地使用它，在观察人物时才不至于陷入误区，害人而误己。

8. 透视内心深处的目光

目光如炬的穿透力，洞烛先机的观察力，见微知著的感受力，举一反三的想象力，这些是3秒钟勘破人心的内在活动的关键。

第一印象对人际交往固然有很大的作用，现代人对它的关注自然也是合情合理的，但要想具有3秒钟识透他人的能力，就要加强对内心的动机影响到表面所呈现的特征进观察，并加以细心的揣摩。

看透对方心理的艺术，是心理学研究目标之一。但是，这种艺术不能只靠理论来解决——因为人不是傀儡，不会按照他人所预定的计划去行动，必须配合实际生活中人与人之间微妙的关系来进行。

通过察言观色来揣摩对方的行为，你可以仔细观察对方的举止言谈，捕捉其内心活动的蛛丝马迹；也可以揣摩对方的状态神情，探索引发这类行为的心理因素。

崇德七年（公元1642年），明朝大将洪承畴在松山战败被俘。皇太极极力劝其投降，但洪承畴誓死不降，骂不绝口，表示只求速死。皇太极无可奈何，只得烦劳范文程前往劝降。

范文程是清王朝的开国元勋，著名的谋略家，宋朝名臣范仲淹的后代，祖辈移居沈阳。他原是明朝落第秀才，满腹经纶，有智谋，有远见。努尔哈赤兴起后，范文程在抚顺谒见他，对策论学，纵横古今，受到努尔哈赤的重视。

范文程去看望洪承畴，且不提起劝降之事，只是天南海北、说古道今地随便闲谈，从中察言观色。说话中，梁上积尘落在洪承畴衣襟上，洪承畴这个决意将死之人，却几次轻轻将落尘拂去。这个下意识的动作，他人不会留意，却逃不脱明察秋毫的范文程的目光。他由此判定洪承畴必可说降。他向皇太极蛮有把握地报告说："我看洪承畴是不会死的。他连自己的衣服都那么爱惜，更何况自己的性命呢！"

皇太极闻听此言大喜，洪承畴一松动，对他统一中原是十分有利的，果然事情不出范文程的意料之外，经过孝庄皇后美人计和巧妙耐心的劝降活动，一向自视为明朝最后一位忠臣的洪承畴，最终还是俯首就范了。范文程由表及里，观察入微的识人之术，通过细致观察外部特征，推测其心里活动，达到神奇绝妙的地步。

在这个故事里，通过范文程神奇的由表及里的洞察，瞬间透视了对方的心理。

中国古代的军事家非常强调透视对方的心理。所谓"知己知彼，百战不殆"就是这个道理。

与孙子齐名的古代军事家吴起曾这样说过："凡是战争开始，首先必须了解对方将领的个性，然后才研究他的才能。"换句话说，面临战争的时候，应先调查敌将，然后才观察他的能力，依对方的状况来运用适当的手段，这样就能稳操胜算了。下面我们举出吴起所提出的几项战争策略供各位参考：

如果敌将是一个没有主意，并且随便听信别人的人，我们可以用各种方法引诱他，使他暴露意图。

贪婪而不知耻的人，可以用财宝收买他。

单调而不重视变化的人，我们可用策略来使他疲于奔命。

敌将如果奢侈浮华，不顾部下的贫困，我们可以利用他的部下，使他们内部分化。

敌将如果是犹豫不定，毫无主见并使部下无所依靠的人，可用恐吓的手段使他们惊逃。

战争在表面看来是一门复杂的学问，“胜”与“败”谁也预料不到。但是，如果能透视对方，并运用适当的策略，就能胜算在握。同样的道理，把它运用到人与人的关系中，效果也是一样的。

人的个性随处可见。如果你在生活中仔细观察，你一定会发现不同个性的种种表现。一个识人高手，能够通过对方微不足道的表面现象，来了解一个人的内心世界。

据说美国大财阀之一，洛克菲勒的创立者约翰·D·洛克菲勒，是观察人物的高手。他可以一些微不足道的细节看透一个人。他根据对方的居住环境，也能发现其真实的面貌。譬如，利用假日出其不意地到同事家里拜访，随意看看其书柜上所摆放的书籍，即可了解对方的“兴趣”。

要透视别人，首先要从什么位置去透视他，这是一个很重要的问题，无论多么敏锐的眼光，只要与物体太接近，焦点便不容易调到合适的位置。不能保持一定的距离，镜头就无法发挥它的功效，所以我们还是从各种角度来观察事物比较恰当。

想看透别人的人，很容易忽视一些周围的人。其实，别人同时也在观察你！如果你忽略了这一点，只顾观察对方，那你一定会招致种种的失败。

喜好谈论别人的人，在他的言谈举止中，同时也在接受别人对他的观察。人们从他批评别人的证据中，就可以大致看出他的人格。

透视别人像一把双面刃的刀，用得不好，自己也会受伤。还有一点要补充——如果情况特殊的话，也不必太注意别人的反透视了。假如你是一位领导，你同时要观察好几个部属，但是正如前面所说的，他们也正在设法了解你，观察你。你只有一双眼睛，而对方却有好几双眼睛。这时，如果你过分注意别人，那你就不能客观地观察他人。像这种情况，只要了解相互间的作用就行了，因为与其过分地关心，还不如听其自然发展来得逍遥自在。现在就让我们举出一个较具代表性的故事来分析一下。

楚国有一个人，涉嫌犯罪，虽然宰相调查了三年，可是一直都不能判他的罪。他很想知道宰相的心意，但是身为嫌疑犯，又不好直接去问宰相。他忐忑不安，心想："我到底有没有罪呢？如果我有罪，我的房产一定会被没收，为什么宰相一直没有采取行动呢？"他想了很久，最后终于想到了一个办法去试探宰相的心意。

他拜托一位跟宰相很有交情的人去办这事。那个人见了宰相脱口就说："那嫌疑犯的房子能不能让给我住呢？"他想如果宰相答应了，就表示这个人有罪，但是宰相摇摇头说："不！这个人没有罪，这幢房子不能让给你。"当那个人要离开的时候，宰相暗叫一声："糟了！"肯定是那个人让他来试探虚实的，宰相连忙问自己朋友，是不是受人之托来摸底的，那个人佯装不知情，推说没有。但实际上，宰相已经输了一着，宰相一心盯着那个可能犯罪的人，却没能防卫他四处出击，从另一个角度，终于让他摸清事情的严重性到什么程度了。

大多数观察人的高手，他们以对方的外表、服装及细微的动作为线索，巧妙地掌握对方的性格或生活状况。就像柯南道尔笔下的福尔摩斯侦探，会注意对方为人所疏忽的"特征"。譬如，从对方的右手中指上有老茧，指头上沾有墨水，衣服的肘部磨得油光，可推测该人从事案头工作；又如看对方的背影，右肩下垂而且身上发出消毒药水的臭味，则揣测是牙医……

有经验的推销员或店员，通常是鉴别初次见面者身份的天才。譬如，在日本发生的运钞车被袭案件中，发现犯罪嫌疑人可疑迹象的东京证券公司某员工，就采用了表面观察的方法。

通过对一个人的气质、个性、品格、学识、修养、阅历、生活等方面的综合分析，可以从一个人的情绪活动特征上，看出一个人内心深处的潜意识举动。

历史上就有齐桓公的举止动作，被三个识人高手由表及里3秒钟看透的趣话。齐桓公上朝与管仲商讨伐卫的事，退朝后回后宫。卫姬一望见国君，立刻走下堂一再跪拜，替卫君请罪。桓公问她什么缘故，她说："妾看见君王进来时，步伐高迈，神气豪强，有讨伐他国的心志。看见妾后，脸色改变，一定是要讨伐卫国。"第二天，桓公上朝，谦让地引进管仲。管仲说："君王取消伐卫的计划了吗？"桓公说："仲公怎么知道的？"管仲说："君王上朝时，态度谦让，语气缓慢，看见微臣时面露惭愧，微臣因此知道。"

齐桓公与管仲商讨伐莒，计划尚未发布却已举国皆知。桓公觉得奇怪，就问管仲。管仲说："国内必定有圣人。"桓公叹息说："白天来王宫的役夫中，有位拿着木杵而向上看的，想必就是此人。"于是命令役夫再回来做工，而且不可找人顶替。

不久，拿木杵人被找来。管仲说："是你说我国要伐莒的吗？"他回答："是的。"管仲说："我不曾说到要伐莒，你为什么说我国要伐莒呢？"他回答："君子善于策谋，小人善于臆测，所以小民私自猜测。我看君王和你站高台之上，他精神饱满，举止兴奋，这是准备打仗的表现，他手指的方向又是莒国的位置，不服齐的只有莒国了，所以这么想。"

我们常可见到同一工作单位中，同事之间彼此不和睦，闹得很不愉快。原本在同一单位工作，应该要团结合作，保持联系，但有了种种不愉快后，便极容易降低工作效率，也会影响当事人的前途。

造成这种不和睦的原因之一，就是因为同事之间彼此误解，以自己的心揣测对方的心，用自以为是的方法解释对方的言行。

所以，上班族的人，在工作中要极力调和与同事之间的矛盾，通过磨合达到维持融洽关系的效果。要做到这一点，首先就应具有看透对方意图的素质。在与对方言谈之间，迅速把握他的思维走向，才能使工作得到顺利的进行。

潜藏在人内心的冲动、欲望等，会通过言行表露出来，所以要了解对方意图可借观察言行，来读懂他的心思。事实上，他的心意可能与你想象的迥然不同，每个人其实是很孤独的，有些甚至还认为工作场所中没有人能了解他。因此只要你能准确地抓住他的心，相信一定能获得他的认同。

作为一个成功的推销人员，最需要的本领就是能看透顾客内心的意图，这种本领对于推销员来说是非常重要的。

能准确读出对方心思的推销人员，通常都具备下列条件：

第一就是特别能活用以前的经验。属于这类型的人，多半是从业人员，积累了不少经验更好地进行推销工作。

这类型的读心术，也可以说是靠直觉（第六感官）而来的。虽然透过经验以直觉来判断，并不具备真正的科学论证，但往往都是最有效地掌握对方心理的捷径。

第二是自己能控制自己。所谓自制，绝不是在与人相处的场合，有意识地抑制自己。真正的自我控制，并不是本人有意识的控制，而是无论处在什么状况下，都能不依靠别人的力量，以自己的力量控制心态，同时不掺杂感情的因素。

唯有在如此自我控制的心态下，才不会太过主观地观察事物，而以敏锐的眼光了解对方的心。这也正是为什么心性修养较高的人能自我控制、禅僧能登悟道之境界的原因。不过这种自我控制并不是只有禅僧能为之，一般人只要能与自己的职业、嗜好配合，下一番工夫，也能达到这种境界。

第三个条件就是必须学习心理学方面的知识。俗话说，好的推销人员是半个心理学家，人的言行即代表个人的意志，因此要了解对方的心，只要观察他们的言行，就可以看出端倪。人在做事、说话之前，是因为先有意志，才会表露于言行，但事实上在他未表现言行之前，必然会先有某种意志。

推销员如果能运用此高明方法，首先就要让对方感受到自己的诚实。但所谓诚实，并不是指在顾客面前摆出一张哭丧的脸，或佯装热衷于事业之类的玩弄花招，最好的办法就是首先脱掉自己心中的盔甲，也就是将自己未曾武装的心，展现在顾客面前，这样做顾客才能安心，撤除内心的藩篱，这就是推销人员的必备素质。

在各个场合无意之间都可以暴露出一个人的性格、愿望或生活状况。训练自己从生活琐事中掌握对方心理，可以说是促使自己圆满处理人际关系的重要条件。

认识到这些知识后，在观察人的言行之余，就可了解一种言行是否是根据其本人的意志修改后的产物；反过来说，要看穿被歪曲、粉饰的言行，才能辨认别人心中的真意。

因此唯有利用从现实生活中学到的知识来观察，才能更准确地分析人心并看透人的本质。

第二章

言辞语言露心迹

1. 从语言密码中破译对方

俗话说："言未出而意已生。"在人们的现实生活中，常常会有欲言又止，吞吞吐吐的现象发生，则在那一刻他内心的心理密码已经泄露了他的真实动机。下面的几点是告诉人们怎样察言观色而洞察人心的具体办法：

（1）在正式场合中发言或演讲的人，开始时就清喉咙者，多数人是由于紧张或不安。

（2）说话时不断清喉咙，改变声调的人，可能还有某种焦虑。

（3）有的人清嗓子，则是因为他对问题仍迟疑不决，需要继续考虑。一般有这种行为的男人比女人多，成人比儿童多。儿童紧张时一般是结结巴巴，或吞吞吐吐地说"嗯"、"啊"，也有的总喜欢习惯性地反复说"你知道……"

（4）故意清喉咙则是对别人的警告，表达一种不满的情绪，意思是说如果你再不听话，我可要不客气了。

（5）口哨声有时是一种潇洒或处之泰然的表示，但有的人会以此来虚张声势，掩饰内心的惴惴不安。

（6）内心不诚实的人，说话声音支支吾吾，这是心虚的表现。

（7）内心卑鄙乖张的人，心怀鬼胎，因此声音会阴阳怪气，非常刺耳。

（8）有叛逆企图的人说话时常有几分愧色。

（9）内心惭趋兴盛之时，就容易有言语过激之声。

（10）内心平静的人，声音也会心平气和。

（11）心内清顺畅达之人，言谈自有清亮和平之音。

（12）诬蔑他人的人闪烁其词，丧失操守的人言谈吞吞吐吐。

（13）浮躁的人喋喋不休。

（14）心中有疑虑不定思想的人说话总会模棱两可。

（15）善良温和的人话语总是不多。

（16）内心柔和平静的人，说话之时总是如小桥流水，平柔和缓，极富亲和力。

从语言的密码中破译对方的心态，闲谈是了解对方的一种最好方式，整个氛围显得轻松愉快，又让对方心理上没有防线。

第二次世界大战中期，东条英机出任日本首相。此事是秘密决定的，各报记者都很想探得秘密，竭力追逐参加决定会议的大臣采访，却一无所获。这时候，有位记者有心研究了大臣们的心理定势：大臣们不会说出是谁出任首相，假如问题提得巧妙，对方会不自觉地露出某种迹象，有可能探得秘密。于是，他向一位参加会议的大臣提了一个问题：此次出任首相的人是不是秃子？因为当时有三名候选人：一是秃子，一是满头白发，一是半秃顶，这个半秃顶就是东条英机。在这看似无意的闲谈中，这位大臣没有仔细地考察到保密的重要性，虽然他也没有直接回答出具体的答案，聪明的记者，从大臣思考的瞬间，就推断出最后的答案，因为大臣在听到问题之后，一直在思考半秃顶是否属于秃子的问题。记者从随意的闲聊中套出了他需要的独家新闻。

与人谈话时，一些见识浅薄，没有心机的人就会很容易地把自己的不满情绪倾诉给你听。对于这种人，你不应和他保持更深更多的交往，只需当做一个普通朋友就行了。

假如和对方相识不久，交往一般，而对方就忙不迭地把心事一股脑儿地倾诉给你听，并且完全是一副苦口婆心的模样，这在表面上看来是很容易令人感动的。然而，转过头来他又向其他人做出了同样的表现，说出了同样的话，这表示他完全没有诚意，绝不是一个可以进行深交的人。

这种人对一切事物都没有什么深刻的印象，千万不要附和他所说的话，最好是不表示任何意见，只需唯唯诺诺地敷衍就够了。

另外，还有一类人，他们唯恐天下不乱，经常喜欢散布和传播一些所谓的内幕消息，让别人听了以后感到忐忑不安。其实他们这样做的目的是为了引起别人的注意，满足一下他们不甘久居人下的虚荣心。

以倾听方式出现的人，其表现是支配者的形态。这种人物的谈话从不涉及自己的事，或有关自己身边的人。他们的话题反而是涉及别人的一些琐事，或对方的隐私秘闻，甚至对对方的一举一动或每条花边新闻都捏着不放手。这是完全彻底地侵犯别人的隐私。

像这样的倾听者，非常喜欢把话题的重点放在跟自己完全无关的人、名人、歌舞影星的花边新闻轶事方面，这说明他的内心存在一种起支配作用的欲望。

由此可见，他是个沉迷于闲谈名人或明星风流事的人，也说明他很难拥有真正的知心朋友。这类人或许是因为内心生活很孤独，没有生命的激情。一个人过于关心自己不太熟悉的事情，并且十分热心去谈论他们，都是表示他内心世界的孤独和空虚。

在现实生活中，还有这样的一类人，他们无论在何种场合，与别人交谈时，都爱把话题引到自己的身上，吹嘘自己当年如何奋斗的经历。唯恐别人不知道他的光荣历史，而结果，并不像他想象得那样好。

其实，从某个方面来分析他，可以发现他是个对现实不满的人，虽然他没有用怨恨的语言倾诉他的想法，相反却用自我表现的方式表达出来。

事实上，他还不知道这种自我吹嘘的言谈，很难适应时代的变化。或许他是个不折不扣的失败者，完全靠怀旧来过生活。

不过可以看出他确实陷入某种欲求不满的环境中，可能他的升职途径遭受阻碍，或者无法适应目前所处的环境。所以他希望忘却现实，喜欢追寻往事来弥补现在的境遇。

这是一种倒退的现象，因为眼前的情况是如此的残酷，所以，他仍用梦幻般的表情来谈。从他的话题里，别人会发现他的内心深处正在潜伏着一股无可救药的欲求和不满的情结。

分析一个人的内在表现时，他的潜在欲望不但隐藏在话题里，也存在于话题的展开方式上。在聚会上，大家彼此正在交谈时，突然有人竟然不顾别人的谈话，而突然插进毫不相干的话题，这是相当令人讨厌的方式。

有的人在和别人谈话时，经常把话题扯得很远，让你摸不着头绪，或者不断地变换话题，让别人觉得莫名其妙。这说明这种人有着极强的支配欲和自我表现意识，在他的意识中，很少把别人放在眼里，而完全摆出我行我素的模样，让别人都去听从他的主张，以他的意见为主导。

一般说来，一个政府官员或一个企业的领导，都会有滔滔不绝谈话的习惯，其实，透过这种表面的现象，可以看出他担心大权旁落的心理状态。也可以说，他是一个喜欢占据优势地位的人。

话题的内容不断变化固然是个好现象，但谈得离谱，一切都显得毫无头绪的样子，那就会使听众感到索然无味。假如他是个普通人，总谈些没有头绪的话题，或者不断改变话题，东拉西扯，那就表示他的思想不集中，给别人留下支离破碎的印象。这说明他是个缺乏理性思考的人。

当然，一个优秀的谈话者，是很少谈及自己的东西的，而是将对方引出来的话题分析、整理，结果不断地从对方身上吸取许多知识和情报。在一般情况下，有的人将全部注意力放在倾听对方的谈话上，从性格上讲，这一类型的人很想理解别人的心思，而且具有宽容的精神，有真正的君子风度。

苏东坡是宋代文学家，他极具语言的天赋，雄辩无碍的他，却非常注重别人的谈话。有时和朋友聚会，他总是会静下心来，听他们高谈阔论。一次聚会中，米芾问苏东坡："别人都说我癫狂，你是怎么看的？"苏东坡诙谐地一笑，"我随大流"。众友为之大笑。即使是朋友间的不同观点，他也以"姑妄言之，且姑妄听之"的态度对待。

经常使用与英文连接词"and"意义相当的词如"嗯……还有……""这个……""那个……"等的人，表示他的话不能有条理地进行，思考无头绪，思绪无条理。但即使同样使用连接词，常用与"but"意义相当的"但是……""不过……"的人，一般可以认为其思考力较强。当他们在讲话时，脑子里还会浮现相对语以资过滤求证。所谓能言善辩、头脑敏锐的人，就是指此类的人。但是如果此种语调反复出现多次，其理论也随之翻来覆去，迫使对方紧随不舍，不知不觉中被牵着鼻子走，失去了招架之力。

经常使用这种表现手法的人，大都比较慎重，也正是因为如此，说话难免时断时续，只好在重新整合之时，才可以继续下去。这是一种缺乏自信心的表现。

在人际关系中，最容易被破译密码的语言，就是客套语。客套语的存在，是社会发展的必然结果。但是客套语要运用恰当，过分牵强而显得不自然的人，说明此人别有用意。客套语的反面是粗俗语，一些人会对自己心仪之人，必然冒出随意的言语，以示双方的关系非同一般，给人以亲密感的误会。

在毫无隔阂的人际关系中，并不需要使用客套话。不过，当在此种亲密的人际关系里，突如其来地夹入了客套话的时候，就必须格外小心。有时候，男女朋友之某一方，使用异乎寻常的客套话时，就很可能是心里有鬼的征兆。

用过分谦虚的言词谈话时，可能在表示强烈的嫉妒心、敌意、轻蔑、警戒心等等。"语言乃是测量双方情感交流的心理距离的标准。"客套话使用过多，并不见得完全表示尊敬，往往也可能含有轻蔑与嫉妒因素。同时，在无意中会将他人与自己隔离，具有防范自己不被侵犯的预防功能。

某些都市的人，对外乡人说话很客气，这从另一个角度看，或许是一种强烈的排他性表现。因此，往往无法与人熟悉，尽是给人以冷淡的印象。以此类推，假使交情深厚的朋友，仍不免使用客套话时，则很可能内心存有自卑感，或者隐藏着敌意。

喜欢使用名人的用语和典故的人，一般来说大部分都属于权威主义者。

对于使用借用语的问题，不但是使用别人的语言来表达自己的意思，而且还透露一种超越自己以上的东西，一种自我扩张的表现欲。

假如你开口闭口就爱抬出一大堆晦涩难懂的语气或外国语，就会让人有一种走错庙门的感觉。事实上，他只是一个用语言当做防卫自己弱点的人，他这样做，无非是加强说话的分量，同时也表示自己的见多识广，来抬高身份和扩大自己的影响。

宋代王子韶，是个性情散漫之人，但他的口才很好，在他任县令时，当时还不是知名人物。一天，他进谒一位显贵，当他到达之时，那名显贵和其他客人在探讨《孟子》，就没有把位卑人微的王子韶放在眼里，只顾谈兴而没有正视王子韶的存在。待了很久，那位显贵突然停下话来对王子韶说："你读过《孟子》吗？"王子韶回答说："那是我生平最喜欢的一本书，只是我全然读不懂其中的意思。"显贵便问："哪一句读不懂呢？"王子韶说："'孟子见梁惠王'，只是第一句已是不懂了。"显贵非常惊讶："这句有什么难懂之处呢？"王子韶趁机说："孟子既然说'不见诸侯'，为什么又去见梁惠王呢？"王子韶之所说这句话是因为孟子还说过，"虽不见诸侯"，但"迎之致之以有礼，则就之。"王子韶引此讥主人无礼。显贵见名不见经传的王子韶有如此机智，遂重之。可见，喜欢借用名人的语句或典故，可以为自己标新立异，这类人就是借此而自命权威的。

2. 言为心声

从某种意义上说，说话是一种自我表现。人们可以在谈话中表达自己的思想感情，发表对事物的观点和看法。语言是人的心底的声音，没有语气作为工具，思想及情感就表现不出来。

通过言谈和辨声，能够从人的欲望、抱负和经验分析上，进一步了解一个人，从而达到窥探对方的内心世界的目的。言谈是一个人品性、才智的外露。

《大戴礼记·少间篇》记载：商汤通过声音选取人。《文王官人篇》"六征观人法"中有"听声处气"的办法。刘劭《人物志·九征篇》亦曾经涉及过声音取人之法。

《文王官人篇》认为：天地最初的元气产生万物，万物产生后自然有各种声音，而声音有的刚烈，有的柔和，有的浑浊，有的清脆，有的美好，有的丑恶，而刚柔、清浊、美恶都产生于声音本身。心性华丽夸诞的人，发出的声音就流宕发散；心性柔顺贞信的人，发出的声音就柔顺而有节制；心性卑鄙乖戾的人，发出的声音就嘶哑而丑恶；心性宽缓柔顺的人，发出的声音温和而又美好；贞信之气中正简易，仁义之气舒缓和悦，智能之气简练悉备，勇武之气雄壮直率。因此要通过聆听其发出的声音，判断气质的类型。

《人物志·九征篇》认为：容貌颜色的变化动作，是由于心气的作用，而心气的外在表现则是声音的变化了。人的气息结合则形成声音，声音和旋律节奏相适应，有的声音听起来有中和平缓的气象，有的声音听起来清雅流畅，有的声音听起来回旋荡漾。

通常有种习惯性的想法，认为只要从彼此见面谈话的内容和方式上，就能知道对方的兴趣和关心的对象。可事实上，人类的心理问题，倒不见得如此简单。如果要想透过表面的东西去了解一个人的性格特征和情趣，就要从他们的谈话姿态和话题上入手，注意他们的谈论自身感兴趣的事情，就会发现他们所表现出来的某些性格特征，也就是说，他们的一些平日不为人所知的情绪会从某个话题中呈现出来。

通过一个话题探索到对方的深层心理，其方式有两种：一是根据话题内容来推测对方的心理秘密；二是根据谈话展开方式洞察对方的深层心理，以了解对方的个性特征。如果要想了解对方的性格和内心动态，最容易着手的办法，就是观察话题和说话者本身的相关情况。所以说，言谈话语，是了解人的重要途径。

明洪武初年，浙江嘉定安亭有一个名为万二的人，他是元朝的遗民，在安亭郡堪称首富。一次，有人自京城办事归来，万二问他在京城的见闻。这人说："皇帝最近做了一首诗。诗是这样的：'百僚未起朕先起，百僚已睡朕未睡。不如江南富足翁，日高丈五犹披被。'"万二一听叹口气道："唉，迹象已经有了！"他马上将家产托付给仆人掌管，自己买了一艘船，载着妻子，向江湖泛游而去。两年不到，江南大族富户都分别被收缴了财产，门庭破落，唯有万二逃之于外。

事实证明，分析判断人的言语，是洞察人的心理奥秘的有效方法。从一定的意义上说，言语是一种现象，人的欲望、需求、目的是本质。现象是表现本质的，本质总要通过现象表现出来。言语作为人的欲望需求和目的的表现，有的是直接明显的，有的是间接隐晦的，甚至是完全相反的。对于那些直接表达内心动向的语言来说，每个人都能理解，正常的、普通的人际交往，就是以这种语言为媒介进行的无须赘述。而那些含蓄隐晦甚至以完全相反的方式表现心理动向的言语，就不是每个人均能理解，人与人的差别，大多也就发生在这里。这是创造性思维的用武之地。若能够知一反三、触类旁通，反过来想想，倒过来看看，增加点参照物，减少些虚假的东西等等，最后透过言谈话语，发现人的深层动机，那就说明，你比别人聪明得多。而这种知人的方法，也就是言语判断法。

《春秋左氏传》记载鲁昭公二十八年，伯石刚生下来时，子容的母亲去告诉婆母说："大伯母生了一个儿子！"婆母要去看望，走到厅堂时，听到伯石的声音便掉头而回，说："是豺狼一样的声音！狼子野心昭然若揭，这恐怕要亡掉羊舌氏家族了！"于是没有看望伯石，而后来杨食我（即伯石）果然帮助补盈覆灭了羊舌氏宗族；又记载，楚国马子良生下儿子越椒，子文说："这孩子长得虎背熊腰，而发出的声音如同豺狼一般，如果不杀掉他，将来他一定毁掉若敖氏族，子文的预测后来也被证实。"

石勒是古代羯翔族的民族英雄。在他14岁的时候，随着同乡经商到洛阳，曾经依着上东门长啸，王衍恰好从此处经过，当时从他的啸声中感到这个孩子不同一般，他对手下人说："刚才那个胡雏，我听到他的啸声，观其相貌，是个心怀异志的人，将来恐怕会成为天下的祸患。"当即派人去追，可石勒已逃走了。

不仅声音可以帮助我们观察人、了解人，就是那些被人调弄演奏的乐器也可以反映出调弄、演奏者的心理状态，声音从人的喉舌发出，而乐器的声音则由人的手弹拨打击乐器而产生，人的喉舌虽然与乐器有很大的不同，但是产生声音的原始的、内在的动力则是一样的。

《论语》中曾记载孔子在卫国讲学时，以打击乐器为乐。一次，他与学生们谈论言为心声的话题，并且打击磬石，抒发自己的抱负，这时，有人身背草编的筐子走过孔家门口，说道："这个击磬的人很有心事啊！"过了一会这人又说道："庸鄙浅陋啊！怎么那样固执呢？大概是没有人了解自己吧！击磬的声音深切激越，但表达的感情则是浅显平易。”

《吕览·季秋纪·精通篇》记载：钟子期夜晚听到击磬的声音，感到十分悲伤，便派人把击磬的人招来问道：“您击磬的声音为什么那样悲哀呢？”击磬人回答说：“我的父亲不幸因杀人而被处死，我的母亲因此被罚为公家酿酒，我自己被罚作公家的击磬人；我已经三年没有见到母亲了！我思量着如何能赎回母亲，却一点办法也没有，因为我自家也是公家的财产，因此心中十分悲哀！”钟子期感慨地说道：“伤心啊！伤心啊！人心不是臂膀，臂膀也不是木椎、石磬，但是人的心里伤心悲痛，而木椎、石磬都有感应！”

所以，有识之士能够从一个人的内心焕发出美的声音中，分辨其修养和性格。

《后汉书·祢衡传》记载，祢衡为渔阳百姓击鼓免过时，步履缓慢，容貌神态都不大一样，声音高昂激越，悲壮感人，听到的人无不慷慨感叹，悲愤不已。

《晋书·王敦传》记载：晋武帝曾经召见时贤一起谈论声伎艺文之事，每个人都有自己的见解，众说纷纭，只有王敦坐在那儿，一言不发，好像与自己没有关系，但气色十分难堪，说自己只知道击鼓作乐，于是挽袖振袍，挥槌击鼓，鼓声和谐激昂，而王敦本人更是神气自得，旁若无人一般。当时举座时贤之辈均为王敦的雄迈豪爽的风度倾倒而赞叹不已。

这四件事，两件是击磬，两件是击鼓，但通过击磬、击鼓表现人的心性气质是十分明显的。这也足以证明，通过乐器的调弄演奏也可以观察人的善恶智愚、清浊正邪。

通过言谈和辨声能够从人的欲望、抱负和经验分析上进一步了解一个人，从而达到窥探对方的内心世界的目的。言谈是一个人品性、才智的外露，从一个人的言谈中，有识之士总能有所发现。

三国时，陈琳曾在一篇檄文中把曹操骂得狗血喷头，但曹操却从中发现陈琳是一位很有才华的人，后来予以重用。张辽被曹操捕获，对曹操破口大骂，曹操却从中发现张辽是位性格直爽的忠勇之士，而当场释放，委以重任。而吕布虽武艺超群，但一见曹即跪地求饶，其声甚切，但曹一听其言，复忆其行，即知其是反复无常、贪生怕死之人，当即处死。

由此可知，言谈除了其本身所包含的内容之外，还有着与言谈同时出现的说话者内在的东西，这些东西虽然不像语言那样直观，却也会透出说话者的许多内在的东西。所以言谈识人，功夫还在言谈之外。丰富的生活经验告诉人们言谈识人，不可凭一时之冲动，要从整体出发，予以全面考察，尤其是要注意以下几点：

一是众人观察。下判断时，一定不能只凭个人一隅之见，而要听群众意见；之后，还要“察之”，要看其是否果真如此，勿为不负责任的“闲言碎语”或“恶意中伤”所离间。

二是全面观察。评价人才要“公听并观”从各方面进行观察，德才资全面衡量；观其主旨，不求微功细过。

三是责求实效。即根据实绩判断能力的强弱才是正确的知人之法。

一个人心中的意思，往往从嘴上流露出来。这是有志了解别人的人，需要用心去体察。因为在通常，人们往往把自己的真实情感深深地隐藏起来，要想了解一个人，必须在注意了解他的话语中蕴含的意思，还要注意观察他同意或赞赏什么样的观点。注意了解他的话语中蕴含的意思，也就是要听懂他的话语中包含的究竟是善意还是恶意；注意他同意或赞赏什么样的观点，也就是要看他心中对各种观点持何种评价标准。因此，既要弄懂他的话语中包含的意思，又要观察他同意或赞赏何种观点，这样，把两个方面对照起来看，就可以对他有了另外的认识。

在如今最流行的国际大专辩论赛中，最能从中看到人的真实一面，撇开程序化辩论，自由辩论是最能体现每一位辩手的真实想法和个人意识的流露。

在辩论中，一个人如果论点突出，态度端正，内容让人容易明白，这就叫做“白”；如果一个人不能言善辩，又不善于对答如流，反倒让人觉得他高深莫测，这就叫做“玄”；能够辨别“白”和“玄”的能力就叫做“通”；有的人说话反复无常，没有中心内容，逻辑非常杂乱，这就叫做“杂”；有的人能够预测未发生的事情，这种能力叫做“圣”；有的人能够深入思考精微的道理，这种才能叫做“睿”；有的人见识超过常人，这种能力叫做“明”；有的人内心精明，外表上却并不显露出来，这就叫做“智”；有的人能够观察与识别非常细微的东西，这种能力叫做“妙”；有的人很清楚什么才是美好的，这就叫做“疏”；有的人掌握的东西多，精通深奥的道理，这种才能叫做“实”；有的人假意去迎合别人并且喜欢炫耀，这就叫做“伪”；只看见自己的长处，叫做“不足”；不自我夸奖自己的能力，叫做“有余”。

因此，只要事情不符常理，就一定有其特别的缘故。一个人如果内心忧虑，那么他的外表就会显得疲劳；如果身体有疾病，他外表就会显得黯然无光。高兴的表情会显示出人们的欢欣喜悦；扭曲夸张的表情却表达出他的愤怒之情；善怒无常的表情是嫉妒别人的表现。

等到一个人的表情尽显无遗后，他的话语也会随后而至。如果一个人说话时，语气非常愉快，但是脸上却没有相应的神色出现，那么他的话就是违心之语；如果一个人说不清楚他想要表达的意思，但是却露出诚恳可信的神色，那么他说不清楚只是因为他不善于口头表达；如果一个人话还没说出口，已经怒气冲冲了，那么他的心里一定是非常愤怒的；如果一个人说话时吞吞吐吐，但是他愤怒的神色却是显而易见的，那么他是在做无奈的忍耐。以上这些不同种类的情况，说话人的真实心理已经显示出来了，这是掩饰不住的，即使他想掩饰，但别人从他的神色上也能看出来。

要想准确地抓住一个人的真心，最简单的方法莫过于使其多说话，你所需要做的只是倾听。

3. 识别九种不同言谈的人

一母生九子，九子各不同。人与人之间存在有很大的差异，由此产生九种褊狭性情。性情可能妨碍对人的理解。

刚强粗犷的人，谈论问题不能细致周密，头头是道。他们在论述整体时，显得宏博高远，谈论细节时，往往粗枝大叶。

刚直的人，不肯屈从退让。在法令职守方面，公直刚正不徇私情，但固执而不变通，乖而保守。

坚劲的人，喜欢重事实，揭示细节道理时，鲜明而透彻，谈论大理论时，显得直露而单薄。

能说会道的人，言语丰富，辞意尖锐，推理人情世故，精到深刻，谈论大义要旨，则浅阔而不周密。

随波逐流的人，不能深思，排列亲疏关系，豁达而厚博，排列事物的主次，则闪烁不定。

见解浅薄的人，不能深究事物的道理。听人谈论，因不用动脑筋而容易满足，审察精深道理时，就颠倒混乱而不清。

宽容平缓的人，反应不敏捷，论仁义，则弘博详备而高雅，论时尚潮流，则迟缓而保守。

温柔和顺的人，气势不强盛，品会道理，顺乎而和畅，处理疑难问题，则软弱犹豫而不干脆。

超脱慧黠的人，洒脱而又追求新奇。论权谋机变，奇伟而壮丽，论清静无为之道，则诡奇而怪诞。这就是性情上的九种偏失，它们以各自不同的心性而自成为道理。

（1）夸夸其谈的人

这种人侃侃而谈，宏阔高远却又粗枝大叶，不大理会细节问题，琐屑小事从不挂在心上。优点是考虑问题宏博广远，善从宏观、整体上把握事物，大局观良好，往往在侃侃而谈中产生奇思妙想，发前人之所未发，富于创见和启迪性。缺点是理论缺乏系统性和条理性，论述问题不能细致深入，由于不拘小节而可能会错过重要的细节，给后来的灾祸埋下隐患。这种人也不太谦虚，知识、阅历、经验都广博，但都不深厚，属博而不精一类的人。

（2）义正言直的人

这种人言辞之间表现出义正言直、不屈不挠的精神，公正无私，原则性强，是非分明，立场坚定。缺点是处理问题不善变通，为原则所驱而显得非常固执。但能主持公道，往往得人尊崇，不苟言笑而让人敬畏。

（3）抓住弱点攻击对方的人

这种人言词锋锐，抓住对方弱点就严厉反击，不给对方回旋的机会。他们分析问题透彻，看问题往往一针见血，甚至有些尖刻。由于致力于寻找、攻击对方弱点，有可能忽略了从总体、宏观上把握问题的实质与关键，甚至舍本逐末，陷入偏执与死胡同中而不能自拔。在用人时，应考虑他在“大事不糊涂”方面有几成火候，如大局观良好，就是难得的粗中有细的优秀人才种子。

（4）速度快、辞令丰富的人

这种人知识丰富，言辞激烈而尖锐，对人情世故理解得深刻而精到，但由于人情世故的复杂性，又可能形成条理层次模糊混沌的思想。这种人做力所能及的工作，完全可以让人放心，一旦超出能力范围，就显得慌乱，无所适从。接受新生事物的能力强，反应也快。

（5）似乎什么都懂的人

这种人知识面宽，随意漫谈也能旁征博引，各门各类都可指点一二，显得知识渊博，学问高深。缺点是脑子里装的东西太多，系统性差，思想性不够，一旦面对问题可能抓不住要领。这种人做事，往往能生出几十条主意，但都打不到点子上去。如能增强分析问题的深刻性，做到驳杂而精深，直接把握实质，会成为优秀的、博而且精的全才。

（6）满口新名词、新理论的人

他们接受新生事物很快，捡到新鲜言辞就能在日常生活中运用，而且有跃跃欲试、不吐不快的冲动。缺点是没有主见，不能独立面对困难并解决之，易反复不定，左右徘徊，比较软弱。如能沉下心来认真研究问题，磨炼意志，无疑会成为业务高手。

（7）说话平缓宽恕的人

这种人性格宏广优雅，为人宽厚仁慈。缺点是反应不够敏捷果断，转念不快，属于细心思考、长考型人才，有恪守传统、思想保守的倾向。如能加强果敢之气，对新生事物持公正而非排斥态度，会变得从容平和，有长者风范。

（8）讲话温柔的人

这种人用意温润，性格柔弱，不争强好胜，权力欲望平淡，与世无争，不轻易得罪人。缺点是意志软弱，胆小怕事，雄气不够，怕麻烦，对人对事采取逃避态度。如能磨炼胆气，知难而进，勇敢果决而不犹豫退缩，会成为一个外有宽厚、内存刚强的刚柔相济人物。

（9）喜欢标新立异的人

这种人独立思维好，好奇心强，敢于向权威说不，敢于向传统挑战，开拓性强。缺点是冷静思考不够，易失于偏激，不被时人理解，成为孤独英雄。可利用他们的异想天开式的奇思妙想做一些有开创性的事。

4. 听其言，观其行

知人的基本方法，无非听其言观其行，而以观其行为主。

思想指导人的行动，心里想什么，要想干什么，必然体现在他的言行之上。但有些人的言行并不一致，如果仅听其言，就会受其所骗。所以听其言，必须观其行。人是极其复杂的，因为人的内心所想所要干的与其言行，因人不同而有异，即有一致的，也有相反的。一般来说，刚直的人，心所想的，就照说照干，这种人言行一致易于了解，听其言观其行便知其人。但狡佞的人，所想所要干的是一回事，所说的以至所行的又是另一回事，即以其漂亮的言辞，合乎道义的行为，掩盖其罪恶的用心，用获得人们的赞赏和支持，以达到其罪恶的目的。所以对这种人，只察其言观其行，一时还难知其人，必是大智者或花相当的时间加以考察。所以说知人不易。

但是，即使最狡佞的人，明智的人以其行观察其人，加以仔细分析，终会发现其漏洞之处，如易牙、开方、竖刁等人，齐桓公认为他们的言行都合乎己意，是忠于己的侍臣，视之为心腹；而管仲从他们“杀子”、“背亲”、“自阉”以讨好桓公，是不近人情之举，他们如此自我牺牲必有所图，故得出“难用”的结论，而桓公不听，结果自取其祸。这证明管仲有知人之明。由此可见，观察其人行动是否合乎道义，是衡量人的标准之一，也是一种知人的良法。

要知人就要掌握其人的全部言行的情况，这是知人的基本条件，如果仅据其人一言一行而对其人得出结论，必然失之偏颇。如果能了解其人的全部情况，既可从其过去知其现在，也可根据现在所作所为预料其发展的趋向和后果。

凡能知人者，必有所根据，而其中以知情最要紧。只有掌握其人的第一手材料，全面了解其人，并据此作出分析，才能对其人有正确认识。不然，则不可能知其人，对其人有所看法，也不过是乱猜胡说而已。在今天，要识别一个人，不仅要听他怎么说，更要看他怎么做。

5. 闻声音辨其人

声音辨人术是指通过声音来识别人才。浅层的理解，是指听到一个人的声音（不仅仅是说话的声音，也包括脚步声、笑声等），就能知道他是谁，前提必须是对此人的声音很熟悉，一般在朋友、亲人之间才能辨别，这只是辨别人的身份。高层次的理解，是由声音听出一个的心性品德、身高体重、学历身份、职业爱好等。这是一个很复杂的判断过程，既有经验的总结，又有灵感的涌动。声音可细分为声与音两个概念，既可由声来识人，又可由音来识人，但在实际运用中，多是由声音即两者同时来识别人。

声音最能陶冶性情，战鼓军号能使人精神抖擞，小鸟的啭鸣能让人心旷神怡。“声色犬马”，声音给我们带来的享受竟是排在首位的，就连人类的求偶活动也同鸟一样，是从婉转的声音开始的，所以人在青春期对各种甜言蜜语和流行歌曲的反应都很强烈。

从生理学和物理学的角度看，声音是气流冲击声带，声带受到振动引起空气振动而产生的，这既是一种生理现象，又是一种物理现象。但人的社会属性，又使人的声音有着精神和气质方面的特性。古人讲，心动为性——“神”和“气”——性发成声。意思是讲，声音的产生依靠自然之气（空气），也与内在的“性”密不可分。声音又与说话者当下的心理活动密切相关，大小、轻重、缓急、长短、清浊都有变化，这与人的特性也是息息相关的，这就是闻声辨人的基础。

郑子产一次外出巡察，突然听到山那边传来妇女的悲恸哭声。随从们面视子产，听候他的命令，准备救助，不料子产却命令他们立刻拘捕那名女子。随从不敢多言，遵令而行，逮捕了那位女子，当时她正在丈夫新坟前面哀哭亡夫。人生有三大悲：少年丧父、中年丧夫、老年丧子，可见该女子的可怜。以郑子产的英明，不会对此妇动粗，其中缘由，是因为郑子产的闻声辨人之术也。郑子产解释说，那妇人的哭声，没有哀恸之情，反蓄恐惧之意，故疑其中有诈。审问的结果，果然是妇女与人通奸，谋害亲夫之故。

郑子产闻声辨人的技巧已是很高明了。孔子也深谙此道，且似乎比郑子产还高出一筹。虽然孔子讲过“以貌取人，失之子羽；以言取人，失之宰予”，但他凭外貌声色取人的功夫，实在是有过人的天分。

孔子在返还齐国的途中，听到非常哀切的哭声，他对左右讲：“此哭哀则哀矣，然悲哀者之哀也。”碰到那个哀哭的人之后，才知道他叫丘吾子，又问其痛哭的原因，丘吾子说：“我少年时喜欢学习，周游天下，竟不能为父母双亲送终，这是一大过失。我为齐国臣子多年，齐君骄横奢侈，失天下人心，我多次劝谏不能成功，这是第二大过失。我生平交友无数，深情厚谊，不料后来都绝交了，这是第三大过失。我为人子不孝，为人臣不忠，为人友不诚，还有何颜立在世上？”说完便投水而死。丘吾子的三悔痛哭，是今天社会中再难重现的古士高风，而孔子能听音辨人心事，又非常人之天赋也，所以流传后世。

以上是由声音来辨别一个人的心事，还可由声音判断一个人的心胸、职业、志向等情况。心胸宽广、志向远大的人，声音有平扭亡远之志，而且声清气壮，有雄浑沉重之势。身短声雄的人，自然不可小视。从身材来看，身高的，由于丹田距声带、共鸣腔远，气息冲击的距离加长，力量弱化，因此声音显得细弱，振荡轻；身矮的，往往声气十足，因为距离短，气息冲击力大，声带与共鸣腔易于打开。但受过发声练习的人，又当别论。

人的声音各有不同：有的洪亮，有的沙哑，有的尖细，有的粗重。有的薄如金属之音，有的厚重如皮鼓之声，有的清脆如玉珠落盘，字正腔圆。有的身材矮小，声音却非常宏亮，有的高大魁梧，说话却细声细气，有气无力。古人正是对这些情况加以归纳总结，得出了以声辨人的规律。

现代生理学和物理学已经证明，声音的生理基础由肺、气管，喉头、声带，口腔、鼻腔三大部分构成，声音发生的动力是肺，肺决定气流量的大小，音量的大小主要由喉头和声带构成的颤动体系统决定，音色主要取决于由口腔和鼻腔构成的共鸣器系统。声音是物体震动空气而形成的，声音是人的听觉器官——耳的感觉。声音的音量有大小之分，音色的美丑之别，另有音高、音长之分。

人类的声音，由于健康状况的不同，生存环境的不同，先天禀赋的不同，后天修养的不同等不同而不同。所以声音不仅在一定程度上表现着一个人的健康状况，而且还在一定程度上表现着一个人的文化品格——他的雅与俗、智与愚、贵与贱（这里指人格修养）、富与贫。

既然如此，那么声音便和人的命运（过去和现在的生存状况，以及未来的生存前景）有一定关系。但是如果说声音能够决定人的命运，则未免虚妄不实。成功的歌唱家，一般都有苦学苦练的经历，但是如果天赋不高，单靠学习是不会成为歌唱家的。不过声音对人命运的意义不能夸大，不少身居高位的人物讲话、演说的声音，实在令人不敢恭维，而其命运却不能算不佳。

古人历来比较重视声音，认为声音是考察人物的一个组成部分，在深入观察和研究的基础上，按照阴阳五行的原理，把声音分为：

金声：特点是和润悦耳

木声：特点是高畅响亮

水声：特点是时缓时急

火声：特点是焦灼暴烈

土声：特点是厚实高重

说话者，如果气发于丹田（丹田是道家修炼气功的术语，在人脐下三寸处），经胸部直冲声带，再经由喉、舌、齿、唇，发出的声音与仅用胸腔之气冲击声带而来的声音，气度不一样，节奏不一样，效果也有悦耳与沙哑的差别。声带结构不好，发出的声音不会动听，但如果经由专门的发声练习，是可以较大程度地改变声音效果的。

歌唱演员音色圆润、高亢、洪亮，一方面是天赋特质，另一方面是艰苦的发声练习的结果。发声练习要求用胸腹（主要是腹）中充足的气息冲击声带，并引领上行到眉宇间的共鸣腔，冲击共鸣腔，发出的声音才会洪亮悦耳，中气十足。没有经过发声练习的人，声音不圆润，沙哑，也不高亢洪亮，因此歌声如击败革，或者是苍白无力。唱歌时所用的腹部之气，相当于丹田之气。用腹腰肌肉紧迫腹中气流，爆破式地冲击声带和共鸣腔，发出的声音就有洪亮悦耳的效果，但引领气息冲击共鸣腔是有诀窍和技巧的。

丹田的气充沛，因此声音沉雄厚重，韵致远响，这是肾水充沛的征象，由此可知其人身体健壮，能胜福贵。同时，丹田之气冲击声带而来的声音洪亮悦耳，柔致有情，甜润婉转，给人舒服浑厚的美感。

发于喉头、止于舌齿之间的根基浅薄的声音，给人虚弱衰颓之感，显得中气不足，这也是一个人精神不足，身体虚弱，自信心不足的表现。

以声音来判断人的心性才能，尚有许多未知的空白，而且可信度有多高，也尚未定论，但其中的奥妙，是值得研究的。其基本原则并不只是悦耳动听、洪亮高亢。

《礼记·乐记》云："凡音之起，由人心生也。人心之动，物使之然也。感于物而动，故形于声。声相应，故生变。"对于一种事物由感而生，必然表现在声音上。人的声音随着内心世界的变化而变化，所以说"心气之征，则声变是也。"

声音不但与气能结合，也和心情相呼应。因为声音会随内心变化而变化，所以：

内心平静声音也就平和；

内心清顺畅达时，就会有清亮和畅声音；

内心渐趋兴盛之时，就有言语偏激之声。

这样不就可以从一个人的声音判断一个人的内心世界吗？有关这方面的知识，《逸周书·视听篇》讲到的四点值得研究：

内心不诚实的人，说话支支吾吾，这是心虚的表现；

内心诚信的人，说话声音清脆而且节奏分明，这是坦然的表现；

内心卑鄙乖张的人，心怀鬼胎，因此声音阴阳怪气，非常刺耳；

内心宽宏柔和的人，说话声音温柔和缓，如细水长流，不紧不慢。

现代心理学也认为，不同的声音会给人不同的感受，有以下几种类型：

（1）音低而粗。这类人较有作为，较现实，或许也可以说是比较成熟潇洒，较有适应力。

（2）声音洪亮。此类人精力充沛，具有艺术家气质，有荣誉感，有情趣，热情。

（3）讲话的速度快。此类人朝气蓬勃，活力十足，性格外向。

（4）外带语尾音。这类型的人，精神高昂，有点女性化，具有艺术家的气质。

以上这四种类型的声音，不论在交易或说服的工作上，都具有较为积极的作用。同样也有产生负面作用的声音。

（1）鼻音。大部分人都不喜欢这种声音。

（2）语音平板。较男性化、较沉默、内向冷漠。

（3）使人产生紧张压迫的声音。这类人很自傲，喜以武力解决事情。

当然，这也不能一概而论，什么声音好，也与谈话的地点、对象、内容有直接的关系。

6. 由辩论看透对方

在辩论中，人表现出来的言语表达能力与特点各不相同。善于辩论者，有的是讲事实、摆道理，用道理取胜，有的是靠犀利的言辞取胜，有的善于寻找话题，有的善于用简单的语言说明复杂的道理，还有的则是以感情取胜。

用道理取胜的，先是区分黑白是非的界限，再展开论述，将道理讲得清清楚楚、明明白白，说得人心服口服。这种人思路清晰，看问题能抓住本质，反应也快，而且态度从容、不紧不慢、不疾不徐，论述问题娓娓道来，为人做事有理有据有节，分寸把握得恰到好处。这种人稳健大度，一身正气，开口之前已让人敬畏三分，能担当大任。他们往往有着崇高的理想和无法抗拒的人格魅力，说的每一句话都有着巨大的能量，让人信服、激动甚至狂热。

1951年，麦克阿瑟在国会两院联席会议上，作了著名的《老兵不死》的演讲，这是在美国民主党和共和党斗争十分激烈的情况下进行的。结果他的演讲非常成功，具有令人着迷的感染力，一次又一次地被长时间的掌声所打断，甚至有人说他的气派简直是奥林卑斯山上的天神。当他用“老兵永远不死，他们只是在人前告退”这句感情丰富的告别语结束演讲时，两院的议员们跳起来，狂热地向他欢呼，许多人眼中都含着泪花。在美国历史上，还没有在国会两院联席会议上的演讲受过如此热烈的喝彩。有一位议员说："我们听到的是上帝的声音。"另一位参议员开玩笑地说："听了这篇演讲，共和党人的眼睛湿了，民主党人的裤子湿了。"

靠言辞取胜的，往往说得人家哑口无言，甚至恼羞成怒，拂袖而去。他们目光敏锐，反应奇快，能迅速抓住他人讲话的漏洞，乘机反驳，穷追猛打使得对方手忙脚乱、破绽百出。他们神采飞扬，宏论迭出，妙语连珠，又能博得旁人的喝彩和佩服。常只顾及驳斥对方，而无暇正确而全面地阐述自己的观点，甚至以舌战为乐事。这种人机智敏捷，反应迅速，凭三寸不烂之舌能颠倒黑白，混淆是非，把公的说成母的，死的说成活的。尽管知道他是在无理取闹，胡搅蛮缠，却无可奈何。他们会在以说话为职业特点的领域中崭露头角，如公关、律师等。但要改掉轻浮的毛病，不要耍小聪明，当心聪明反被聪明误。应该冷静思考，踏实工作，养浩然正气，法古今完人，方可成大用。春秋战国时的张仪，巧舌如簧，游说于诸侯，一次因误会被笞数百。回到家后，他问妻子："你看我的舌头还在不在？"妻子回答说："舌头还在。"张仪说："这就够了。"对于这类人来说，舌头重于生命。

善于与人交谈的人，当发现彼此观点相悖时，会立刻转换话题，用巧妙的方式不断试探或采用迂回战术，逐渐找到对方感兴趣的话题，慢慢地回到主题上去。这种人的表现类似于情态中的周旋态，机智圆滑，容易得到大家的好感，而且意志坚定，善于思考和察言观色，千方百计去实现自己的计划，敢说敢做，又有毅力坚持到成功。他们是在用心智做事。不善于与人交谈的，说话往往处于被动位置，公式化的一问一答，或者随便说些模棱两可、莫衷一是的应酬话。但说到他感兴趣的话题，或者面对知心朋友，立刻变了一个人似的，侃侃而谈，语若滚珠，甚至会激动起来。这种情况下，说出来的见解一般都很深刻，有水平，听者也能从中得到许多有用的东西。有一种不善找语题的表现是哪壶不开提哪壶，当然也有故意找碴的，抬杠的。比如张松戏弄曹操，曹操对张松说："吾视天下鼠辈犹草芥耳。大军到处，战无不胜，攻无不取，顺吾者生，逆吾者死，公知之乎？”张松回答说：“丞相驱兵到处，战必胜，攻必取，松亦素知。昔日濮阳攻吕布之时，宛城战张绣之日，赤壁遇周郎，华容逢关羽，割须弃袍于潼关，夺船避箭于渭水。此皆无敌于天下也！”气得曹操哑口无言。

善于讲道理的人，能够做到一语中的，言简意赅。能一句话讲清事情的前因后果，思想清晰，脉络分明。这种人办起事来也干脆利索，迅速果断，从不拖泥带水。或者能用浅显易懂的语言、明白的事例和形象的比喻来说明那些复杂、抽象的道理。有人问泰戈尔：“英国统治印度，布政施仁，兴利革弊，是有利于印度民族的，为什么印度人还不满意而极力提倡民族独立运动呢？”对于这样一个大问题，要完整地回答出来是很费劲的，而且效果不一定好。泰戈尔就用了一个绝妙的比喻来回答：“印度人就好像古代的人一向不穿鞋子，而英国人却给印度人穿上一双皮鞋。印度人穿上固然好看，也可跻于文明人之列，但鞋底里有一根铁钉插出，走一步刺一下，痛彻心脾，更为难受。”

不善于讲道理的人，讲话稀里糊涂又不着边际，往往是舍本逐末，在鸡毛蒜皮的细节上纠缠，而看不到主题和大方向，说了半天也说不清楚，下笔千言，离题万里，始终说不到本质上去。这种人要么是头脑混沌，思路不清晰，要么是爱耍小聪明，心胸狭窄，目光短浅，二者都无法担当大任。即使口吃的人，也有善说与不善说之分。法家代表韩非子就有口吃，但思路精深宽阔、见解深刻独到。

宋代欧阳修有一天和翰林学士们出外散步，看见一匹马在狂奔，踩死路上一条狗。欧阳修请大家用简洁的话语描述眼前的事。有一个说：“有犬卧于通衢，逸马蹄而杀之。”又有一个说：“马逸于街衢，卧犬遭之而毙。”欧阳修都嫌太啰唆，他们就问欧阳修，那你该如何写？欧阳修说：“逸马杀犬于道。”

在论辩中，讲话者投入丰富的感情是至关重要的，因为人心都是肉长的，通过自己的言论去感染听众，以诚相见、将心比心，即使听众不同意你的观点，也会被你的真诚打动。特别是在和有对立情绪的人讲话时，如果运用充满亲切、友善和爱意的语调，将会使愤怒的情绪趋于平息。

1915年，在美国的科罗拉多州，人们最仇恨的人就是洛克菲勒，美国工业史上规模最大的罢工浪潮在这个州持续了两年。愤怒的工人因提高工资的要求被否决，所以砸坏机器，拆毁设备，从而导致了军队的干预并发生多起流血事件。洛克菲勒决定争取罢工者，他先是用了几周的时间与罢工者建立了友好关系，而后向罢工工人发表了热情洋溢的讲话。他杰出的演讲产生了奇妙的效果，缓和并阻止了向他袭来的仇恨巨浪，部分罢工者对长期要求的提高工资一事只字未提，反而自动恢复了生产。另外，在辩论中还要忌讳意气之争和强迫性地说教。善于辩论的人能巧妙地避开对方锐利的气势，而抓住对方的弱点进行批论，让对方输得心悦诚服。不善于辩论的不懂得使用迂回战术，与对方针锋相对，企图一举击败对手。这种硬碰硬的办法，为兵家大忌，结果多半是两败俱伤，不能达到应有的目的。在处理对立情绪时，两方不宜派这种人为代表，一旦在交涉中意气用事，克制不住自己，会把好事弄成坏事。这种情况，有深浅之别，浅者不欢而散，深者造成彼此敌对情绪；轻者恶语伤人，重者拔刀相向。

强迫性的说教就是想让别人马上领会、接受自己的观点。当对方不能立即领悟时，就认为对方笨，不可教化。这种不懂得循序渐进、因材施教的人特别不适合做教育工作。许多刚走上小学教师岗位的同志，以己心度小学生之心，认为一加一等于二还不容易么？认为记忆汉语拼音字母表、乘法口诀还不容易么？结果是欲速不达。一加一等于二是再简单不过的了，可对于小孩就不是那么回事了，因为他们尚有一个接受消化的过程。身为教师只有耐心教导，暴跳如雷、拔苗助长都是于事无补的。

言谈中应该注意这样十个问题：

（1）自己虽然聪明绝顶、信心十足，在理论上通晓明达，但也要谦虚谨慎，仍应经常作好退步的心理准备，不炫耀、卖弄自己的才干，不以超人自居。

（2）将道理讲明白透彻了就停口，不要婆婆妈妈、喋喋不休。对于对方的错误言论，不要紧逼，可以提出批评，但不要强制人家认错。

（3）在言谈中，要尽量让对方畅所欲言，一吐为快，另一方面要帮助对方做好铺垫，让对方的才能和长处得以展示。这一点，尤其难以做到。

（4）讲话要“打人不要打脸，骂人不揭短。”避免触犯到对方的隐私、痛处。也不要王婆卖瓜，自卖自夸，炫耀或暗示自己的优点和成绩。

（5）在斥责荒诞怪异的言论、发表忠直公正的意见时，要凛然正气、无所畏惧。

（6）要认真听取对方的意见，即使对方人轻言微，不以其地位低下而弃其善言，即使对方人愚才陋，也并非一无是处，不能因为其愚陋而废其良言。

（7）在辩论中，什么时候诘问，什么时候驳辩，或守或攻，或进或退，争夺还是退让都要掌握好时机，在弃取、去留问题上要果断。

（8）要顺着对方的心气，当对方气盛的时候要回避，对他们指责、曲解的言论都暂不计较，当对方气竭时才是攻击的最佳时机。

（9）辩论的目的在于讲清道理，如果已经在道理上取得胜利，使对方心服口服，就已达到目的，不可得意忘形，盛气凌人。

（10）讲话时要心平气和，不能感情用事，要通过言谈开阔眼界、增长见识、获取知识。

7. 由笑看人

以全部表情来说，笑是极为重要的因素，在喜怒哀乐的表情变化中，喜与乐的直接表现就是笑。

（1）外向型的笑容

外向型性格的最大特征是，每当快乐时，根本就不在乎周围有什么人，立刻发出愉快的笑声，喜形于色，那是爽朗而“不客气”的笑。外向的人，希望周围的人知道他的高兴，很自然地就会笑容满面。相反的，悲哀时，他也会毫不掩饰地哭泣。

大体上来说，外向型的人以爽快而明朗的心态居多，所以时常面带笑容，即使别人感到悲伤时，他也会满面笑容地安慰对方。

外向型的人很容易跟别人打成一片，因此，他们能够配合绝佳的时机附和着对方欢笑。正因为他们不隐藏感情，率直地表现自己的内心，表情自然就会很丰富。只要看他的脸孔，就不难知道他的心态，所以很容易为别人所理解，同时，他也是一种很好相处的人。

外向型的特征是喜怒哀乐的感情，实实在在地表面化，完全从脸色显出来。每当欣喜快乐时，他的脸上会堆满了笑意，表情十分爽朗，眼睛闪闪发光，面部充满了光彩。

反过来说，遭逢悲伤时，情绪会一落千丈，表情也会随之一变，眼帘下垂，眼睛不再有光彩，当悲哀达到高潮时，他就会流眼泪，并且悲切地号啕大哭。当他发怒时，脸上立刻会有所反应，不是涨红着脸怒骂一场，就是面容变成铁青色。总而言之，此类型的人内心想到什么，立刻就会表现出来，完全不会在意旁人的感受。

外向的人，对自己的感受，以及感情的起伏非常忠实，具有一种骗不了人的率直性格，如果有两个人瞪着眼对看的话，先笑的一定是外向的人。

外向型的人一般都比较明朗快活，不过，爽朗而活泼的时期和感到黑暗而忧郁的时期会轮流来临，这是因为“躁”与“郁”循环来临的“躁郁气质”是他性格的共同基础。至于循环的速度则因人而不同，有些人在很短的时间内就循环一次。只要有人安慰他，或者以柔语对待，他就会很快地破涕为笑。

说他是“单纯而天真”也不为过，反正他迫切地需要别人理解他、知道他的心事。他非常笨拙地把自己隐藏了起来，却又希望别人知道他的心事。

正因为如此，外向的人容易被人理解，很快就会跟别人亲热起来。

这类型的人较能坦然面对失败，所以有些人发笑时张大嘴巴，有些人不张口而能发笑。掩饰自己感情或带着强烈警戒心，避免他人洞察真心的人通常不会开口发笑。

（2）复杂的内向型的笑容

笑的方式有好多种，外向型的爽朗笑容是属于单纯而明快的类型，至于内向型的笑容则相当复杂，而且以不明确者居多。

最明显者为假笑，他的脸虽然在笑，但是眼睛却没有笑，心中也丝毫没笑，像戴着假面具的笑，这类笑有：对自我、对对方嘲笑式的笑容，空笑，假笑，令人莫名其妙的笑，以及充满妄想意味的笑。

总而言之，这是一种缺乏内容的笑容，有时笑声高而尖锐，有时则是吃吃地笑，音量低得叫人几乎听不到声音，一言以蔽之，那是孤独而冷漠的笑容。

每当大伙儿很快乐地笑成一堆时，内向型的人几乎都会发出这种空笑，那并不是附和周围的笑声，而是对人际关系感到不安时，为了掩饰自己的紧张，不得已而勉强挤出来的笑容。

比起外向型来，内向型的笑容比较少。就算他们有任何的喜事，他们也认为不必让没关系的人知道，甚至可以说，他们具有一种隐藏自我的防卫意识。正因为如此，就算勉强地笑出来，看起来总给人一种虚假的感觉。遇到这种场合，只要你仔细地瞧他，就会发现，他有如女人化妆敷面一般，整个脸孔看起来很不自然，嘴唇微微地颤抖，以致变成一种极富空虚感的冷笑。在这个瞬间，有一些人的脸孔会涨红，此种人还算坦诚，如果是强烈内向型的话，其面容将如同假面具一般缺乏表情，而且，当大伙儿并不感到有趣时，他却会独自地笑着。

虽然说内向型的人很少有笑容，但是，他们还是有自然地笑出来的时候，但那是很脆弱而缺乏自信的笑，是类似自嘲，又有点像自虐的笑容，也是一种缺乏生气，仿佛看透了某种东西似的，对人生感到疲惫的笑容。除此以外，内向型的人还有无可奈何的苦笑，以及叫人感到产生鸡皮疙瘩的笑容，这两种笑容，平常若加以留意，都可以观察得到。

我们不能断然说蒙娜丽莎的微笑就是这种典型，然而，即使同样是人类的微笑，内向型的人复杂而多样化的微笑，就蕴藏着很多发自性格的意味深长的众多信息，值得我们去加以探索。感到悲哀的冷清笑容亦可以从外向型的脸孔看到，例如外向型中最认真的“执着性格”之人，当努力变成泡影，遭遇挫折时，他就会垂下双肩幽幽地笑起来，这时的他已经进入“忧郁状态”。在这种场合里，他将跟内向性的人一样，陷入自闭的境地，即使连笑容也显得卑微，“拒绝上班”就是典型的例子。反过来说，也有一种又热闹，又夸张的歇斯底里式笑容，声调很高、很夸张、旁若无人，乃是歇斯底里性格者特有的戏剧性笑容。这种笑容会引起周围人的关心，然而，那绝不是叫人感到温暖或者愉快的笑容，而是一种阴险的冷嘲。

他自己感到索然无趣时，就会以轻蔑的态度对人嗤之以鼻。关于歇斯底里性格，将留待后述，一言以蔽之，这乃是自我显示欲很强烈的典型。

所谓虚荣心强烈的性格，固然多见于外向型的人，然而，内向型的人也有不少属于这种性格，这种人自诩很高，做事都以自我为中心，心中不断产生不满的情绪，而且不认输，为了对他人炫耀，言行举止都喜欢夸大。

当然，这种人就连笑的方式也过了一些，给人一种在演戏的感觉，他们非常喜欢出风头，就是连笑容也希望博得他人注目。

①“哈哈哈”型的发笑

从腹腔发出笑声的人，是所谓的“豪杰型”。一般人很难发出这样的笑声。这是身体状况极佳才有的笑声，平常若这样发笑必是体力充沛者。

不过，这种笑声带有威压感，会震慑他人，因而使人心生警戒。女性若有是这种发笑，一般是属于领导型人。

②“呵呵呵”的笑声

自觉没有信心或强制压抑不快的情绪时，没有完全发笑的笑声。有时可能以这种笑声掩饰内心的牢骚，心浮气躁或身体疲倦时也会有这样的发笑法。

③“嘿嘿嘿”型的笑声

对他人带有批评或轻蔑的心态时，这种笑声已成习惯者另当别论。但一般人发出这种笑声即可断定商谈无法成功。而当事者通常内心有不安和烦恼，带有攻击性希望借此压抑对方以获得快感。

④“嘻嘻嘻”型的笑声

少女型的笑声。是好奇心强凡事都想一试的性格，非常渴望博得周围异性的好感，而这种心态随时表现在脸上；情绪有高有低，愉快与郁闷时的落差极大。

8. 谈话知心理

要了解一个人的心理状态，首先对于他的每个细节，都要细心地分析。举例来说，在一个办公室里，作为主管，你要注意观察以下几种情况，例如部下是不是都在故意避开自己的视线？如果是这样，主管就要考虑自己的行为是否过于严肃了？部下是不是在自己传达重大通知时也是嘻嘻哈哈？如果是这样，主管就应注意自己是不是过于散漫了？部下是不是在开会时都闭口不言？如果这样，主管就应想想自己是不是过于专制了一点？通过这样敏锐的观察，以便及时调整。

同样，当上司劝说部下应打起精神努力工作时，部下只是口头上响亮地回答“是，是”，但是实际上并没什么改进，这一般都表示内心对上司有反感。

在社会的交往之中，人们经常会看到这样的一个现象，社会地位高的人对下属的谈话总是居高临下，他可以紧盯着下属的眼睛和每一个动作，而下属通常都是采取恭敬的态度，俯首帖耳的倾听，并不时伴以理解和应酬性的微笑。而社会地位低者对社会地位高者进行说明时，对方只是随意地附和，并不向说服者使用客气的语调说话，这通常都是对对方怀有鄙视的表现，而这种表现会妨碍你的说服工作。

当社会地位高的人对社会地位低的人有反感时，大部分情况下不会将反感压抑在心底，而是直接表现出来。例如，谈话当中突然离席，让对方久候；谈到主题时，故意岔开话题；假装正在思考问题，将视线转移到别处；更有甚者，根本不听你的谈话，一个人看起报来。这说明对方忽视你的人格态度。

在人际交往中，某些自尊心很强的人，为了保护自尊，常常不发一言，极夸张地表现出瞧不起人的态度。因此，他会戴上做人的面具来支撑自我、确信自我，并且由此回避、消除接受说服时的不满情绪，从这种谈话方式可以看出这种人的本质和内心活动状态。

言语是情感的表达，是思想的表现结果。一个人不管水平如何，口才如何，只要他张口说话，他就在有意无意地给别人留下印象。一句话，很可能就是自己的一幅画像。同时，谈话也可以展示一个人的职业、身份和知识水平，一个人在言谈中会不经意地流露出自己的思想和情感，一个能够在谈吐之中，对问题应对自如，并表现出不同凡响的气质和风度的人，肯定是位有思想、有内涵的人。

一个有真才实学的人如果善于表达，常常能轻易地征服别人的心，即使是才疏学浅者，如果能说会道也会给人以有力的印象。我们固然不可油嘴滑舌，但人们判断一个人时，对其谈话能力的展示是很看重的。我们都有很多同学、朋友、同事，有的人在长期失去联系后就淡忘了，可是如果有人曾给过你一句哲理性的忠告，那么你可能会忘记你们之间的很多事，唯独记住这句话，忘记他的很多可能愚蠢的行为，而认为他是有见解的。这就是语言的力量。

借助语言的力量，把自己内心的见解和心理活动状态呈现出来，就会引起别人的重视，甚至可以改变一生的道路，因为一些识人高手，可以从你的言谈中窥探你的真实想法和人生的抱负。著名科学家法拉第进入英国皇家学院，就是戴维爵士和他一场谈话后的结果。

戴维："很抱歉，我们的谈话随时可能被打断。不过你还算幸运，此时此台仪器没有爆炸。可能因为你没在实验室干过，所以才愿意到这里来，科学太艰苦，要求付出极大的劳动，而只有微薄的报酬。”

法拉第：“但是只要能做这种工作，本身就是一种报酬。”

谈话结果，戴维让法拉第当了自己的助手。后来，有人要戴维填表列举自己对科学的贡献，他在表的最后写道：“最大的贡献——从一句话中发现了法拉第。”

一个远离社会和人群的人，不可能具有洞察他人内心世界的本领，要在社会中生活得一帆风顺，就得具备从别人的言谈中，了解其内心动态的手段。可以说每一个人在一生中，都会或多或少地与骗子打交道，没有识破他言谈中破绽的本领，受骗上当也就在所难免了。

骗人的高手至少是半个心理学家，虽然他们不承认或不自觉。但他们真的十分了解被骗人的心理变化和需求，他们总是寻找各种机会行骗。例如他们专门在谈话时察言观色，因为世上许多诚实的人，都有一颗深情的心和无掩饰的脸。而骗子一面窥视你，一面却假装恭顺地瞧着地面，善于把真正要达到的目的掩盖在东拉西扯的闲谈中。

骗子还有另一个绝招，就是在你毫无防备的情况之下，突然对你提出一个他期待已久的愿望，因为他从诚实人的言谈之中，察觉没有对他设防的时机，让你在来不及思索之间，便答应了他的要求。

当一个试图阻挠一件可能被别人提出的好事时，最好的办法就是首先由自己把它提出来，但提出来的方式又要恰好足以引起人们的反感，因而使它得不到通过。有时，骗子装作正想说出一句话却突然中止，仿佛制止自己去说似的。这正是刺激别人加倍想知道你要说的东西的一种妙法。

还有一种诱人上当的骗子。他暗地里想与另一位先生竞争领导的位置。于是他对那先生说：“在当今时代当领导是件没意思的事。”那位正可能被任命为领导的先生天真地同意了这种看法，并且也对别人如此说。结果先说的那位便抓住这句话禀报上级，上级大为不悦，果然就不任用说天真话的人了。

还有一种影射的狡术，比如当着某某面故意对别人说“我才不干某种事呢”，言外之意只有对方才会……

有的人搜集了许多奇闻轶事，当他要向你暗示一种东西时，便讲给你听一个有趣的故事。这方法既保护了自己，又有助于借人之口去传播他的话。

有人故意在谈话中自问自答，这也可以作为一种狡术。

总而言之，这种狡猾的方法是形形色色的。所以把它们都抖一下是必要的，以免许多老实人不明其术而上当受骗。

骗子再高明，只要你留意观察，搜寻他言谈之中的蛛丝马迹，把他从黑暗的角落提置到光明的地方，那时，他可能就无所遁形了。

心理学家研究证明，一个人一开始说谎，身体就会呈现出相应的信号：面部肌肉的不自然，瞳孔的收缩与放大，额部出汗，面颊发红，眨眼次数增加，眼神飘忽不定，等等。说谎者总是希望把体态隐藏起来，所以一个人在电话里说谎比当面说谎要镇定从容。利用这一特点，警方在审讯嫌疑犯时，总是将其放在光线强烈的地方，让其体态语言暴露无遗。这样很容易看出他是否在说谎。而且让他的身体无所依傍（比如不背靠墙，一般用凳子而不用椅子），从而解除他的防备心理，促其彻底坦白。

一个人在说谎的时候，很难控制他自己下意识的动作，且从语气可以看出大概情况。

有时，一个人谈吐的速度、口气、声调、用字等，蕴藏着极为丰富的第二信息，撩开罩在表层的面纱，能探知一个人的内心真实想法。一般来说，如果对方开始讲话速度较慢，声音洪亮，但涉及核心问题，突然加快了速度，降低了音调，十有八九话中有诈。因为在潜意识里，任何说谎者多少有点心虚，既希望“蒙”住对方但又无十分把握。更显而易见的事实是，如果他在某个问题上支吾其词，吞吞吐吐，可以断言他企图隐瞒什么。倘若你抓住关键的词语猛追不放，频频提问，说谎者就会露出马脚，败下阵来。

聪明的人会针对说谎者言语中的有违常理的说法，便可推断出他是在说谎骗人。

宋国有个人要求为燕王在枣核尖上刻一个母猴，但是，他要求君王必须素食三个月才能看得见。燕王因此给他三乘兵车的封地以养活他。燕国管理冶炼手工业的官员对燕王说："我听说君王素食的日子不能超过十天，因而君王不能为了看这个母猴而长久斋戒，因为这是没用处的事，所以，这个宋人才提出三个月的斋戒期。凡是雕刻工作，刻刀一定比所要雕刻的东西小，而我们冶炼手工业做不出这么小的刻刀，也没见到宋人有这种刻刀，怎么雕刻呢，请君王看一看他的刻刀。"

因为这个官员根据生活的实际经验，对骗子言谈的夸大语言有了清醒的认识，当时的工艺水平不可能达到如此高的地步，因此推断宋人是个骗子，燕王派人把宋人拿下核查，果然是个骗子。

9. 留心观察，识破谎言

谎言是我们认识一个人的障碍，因为谎言是对方有意隐瞒自己的假面具。不过，只要我们时刻留心观察，同样也可以看穿谎言，看清对方的内心世界。

（1）鬼话连篇

到底什么是谎言？让我们从各方面来举例说明吧！

“今天晚上我要值班不能回来！”

——其实是跟同事去打麻将。

“啊！这个宝宝真可爱！”

——好难看的小家伙。

“对不起！我们董事长正在开会，不能见你。”

——这点小事，也要找董事长吗？

“我常来你们这儿买东西，难道不能算便宜一点吗？”

——其实是第一次上门。

“这是一本人人必读的宝典！”

——其实，内容无聊得很。

“我发誓我爱你…………”

——其实，他正在想别的女人。

“你很聪明，只要肯努力一定会成功。”

——这个家伙真是无药可救。

“啊！你化妆起来真漂亮！”

——简直像个狐狸精。

“环境优雅、交通方便、学校、商店林立。”

——天知道！

“敬启者：贵公司生意昌隆…………”

——真是开玩笑，本公司快要倒闭了。

“这是胃溃疡，只要好好休息，慢慢就会好的。”

——其实是癌症，半年也活不了。

“你再哭的话，老虎就会把你吃掉。”

——骗小孩。

“亲爱的！我跟你说的都是真心话，你若不信，我立刻……”

——口是心非，鬼话连篇。

“妈！我到同学家做功课。”

——其实跑去看电影了。

（2）美丽的谎言

如果我们的生活里完全没有谎话存在，那么这个社会将无法协调，因为整个社会生活和个人生活，必须依靠一些无伤大雅的谎话保持平衡。

在某些时候我们将谎话分为可以原谅的和不可原谅的两种，而社会就是由可以原谅的谎话来维持平衡的。

什么样的谎话可以说？什么样的谎话不能说？这是价值观念的问题，而且这个范围也很难确定。

若是把谎话当成社会上的“润滑油”，大概不会有人反对吧！因为它确能调剂我们单调的生活。如果我们把一些礼貌上的赞美词，或社交方面的辞令，全部加以否定的话，那么人际间的关系，就会显得枯燥而冷酷了！

听说意大利人是世界上最会说客套话的民族，下面是他们针对谎话的功效所谈论的一篇文章。

“礼貌上的谎话和客套话，偶尔会被利用到功利主义方面，但是大体来说，大部分的谎话，都是运用在促进社交及日常生活的小节上，因为这种客套话，是人际关系的润滑油……”在意大利，人们都把这些客套话当成日常生活不可或缺的调剂品，而且不太计较其中的含义。

“服装店的商人，称赞‘顾客体态优美。’”

“牙科医生称赞你的牙齿像古代罗马人一样美。”

“内科医生对你说：‘这种病不太要紧。’”

“定做鞋子的时候，鞋店的老板一定会对你说某月某日一定能做好，虽然他知道有时候不能如期做好，但是这种谎话为的是安慰你，使你的心里有安全感。”

以上是从意大利人所著的《日常生活中无伤大雅的谎话》中所摘录下来的。

礼貌上的客套话，是社会上一般人所公认的一种谎话，我们只要把它当成人际间交往的润滑油就好，不用深入去探索这种话的意思。

至于善意的谎话，那是非有不可的。为了勉励别人，或者安慰癌症患者所说的谎话，是没有人会产生非议的。

还有一种“幻想的谎话”，为数也不少。有些人整天陶醉在自己的梦幻世界里，经常痴人说梦话，自己欺骗自己。这种“幻想的谎话”，如果不很严重或不很过分，也就没有多大关系。

谎话的定义很广。人在行为上所表现出来的虚伪，也是谎话的一种。有一种人，在人前一本正经，说的话也非常动听，可是他在独处时的一举一动，却与人前所表现的截然不同。

穿衣、化妆也可以说是一种谎话。还有，说话时一点都不夸张的人大概也很少吧！因此严格地说，不会说谎的人是绝无仅有的。

“威严”也是一种演技，因为天生就具有威严的人是很少的。例如有一个人，当他还是一名小职员的时候，成天嘻嘻哈哈的，没有半点架子和威严，等到他升为科长之后，架子就一天一天地大起来，威严也一天一天地摆出来了，所以说威严是累积而来的。

依照潜意识理论，谎话又可以分为有意识和无意识两种。有意识的谎话，是为了达到某种目的而说的，例如“欺诈”就是一个很好的例子。在公众场合为了表现自己所说的夸大的谎话，也是有意识的谎话。

无意识的谎话，是指没有动机，没有目的而说的谎话。例如小孩子的谎话，习惯性的谎话等。自夸、客套，虽然也属于有意识的谎话，但成为习惯之后，也就变成无意识的谎话了。

如果要透视“不可原谅的谎话”，我们应从研究谎话的构造和动机开始，才能收到预期的效果。

（3）即打即招——谎言识破术

到目前为止，我们已经讨论过一些有关谎言的定义、种类和作用，现在让我们更深一层来探讨识别谎言的具体方法：

要留意说谎者的惯用伎俩。

从对话中识破对方。

从反面识破对方。

以试探方法去识破对方。

站在对方的立场来分析对方。

不要让对方看穿自己。

从对方的表情去分析他所说的话。

认识对方内心的方法跟识破说谎者的方法有连带关系，所以或多或少会有重复的说法。因此现在我们就针对“要如何去识破对方使他说出真话”这方面来讨论。

①如何使对方解除心中的武装

正在说谎或试图说谎的人，他们的心里一定会先武装起来。“如何使他除去武装”就是最大的关键所在。如果这时你正面跟他冲突，他一定会强词夺理把你反击回来。

例如你对说谎者说：“你有什么话干脆直说好了，不用跟我兜圈子撒谎。”这样去攻击他，是不会产生效果的。我们应该在对方有些动摇的时候，找出他的弱点去攻击他。不过，如果对方硬要坚持他的谎话，那么这一招就不管用了。这个时候，我们必须另想办法使他解除武装。我们暂且不去理会他说话的内容真实与否，只要把重点放在如何使他解除心中的武装就行了。

这个道理就跟闭得紧紧的海蚌一样，愈急着把它打开，它就闭得愈紧。如果暂时不去理会它，它就会解除心中的武装，一会儿它就自然地打开了。

那么究竟要怎样才能使对方解除心中的武装呢?

a. 要使对方有安全感。如果对方是为了保护自己而说谎的时候，我们最好这样说：“你把实话说出来，不要紧，事情不会很严重的。”这样一来，他就会认为他的处境已经很安全，不会顾忌说出实话会有什么不良后果。所以在这种情况下，想要叫他说出实话是毫无困难的。

公安部门在查询凶杀案的见证人时，利用这种方法是最合适不过了。

要使对方产生安全感，首先必须使他对你产生信赖，他对你产生信赖之后，才会对你吐出真言。

利用循循善诱的方法去套取对方的口供，要比使用强硬逼供的手法更容易达到目的。当然，如果你只是装出笑容讨好对方，那对方就不会怕你了。我们必须做到让对方认为“我实在不敢对这种人说谎”才行。简单地说，我们要运用技巧，使对方因为你的影响而把实话完全吐露出来。

还有一种技巧跟刚才所提的完全相反，那就是故意把自己装成很容易上当的样子，使对方对你没有戒心而很自然地把心里的话说出来。

换句话说，就是让对方产生优越感，使他在得意忘形之际，无意中露出马脚。这种方法用来对付傲慢的人是最好不过了。

b．要追根究底。这种方法和前面所说的方法完全相反。彻底去追根究底，有时也能使对方解除心中的武装。假如对方仍有辩白的余地，他一定会坚持到底，因此只有在他被逼得无法再为自己分辩的时候，他才会自动解除武装、说出实话。

洛克希德贿赂案中许多有力的证人，在最后终于供出了真相，主要的原因是由于他们被逮捕之后，办案人员利用追根究底的方法使他们说出实情来。由此可知，没有约束的交谈，远比追根究底的方法为差。

c．攻其不备。不管是多么高明的说谎者，如果遇到突然而来的攻击，也会惊慌失措，不得不投降。

一位资深律师曾经说道：

"在询问一个决定性的问题时，不要马上询问证人，等他回到证人席之后，再突然请他回来，重新询问，这是最有效的方法。"《孙子兵法》里也说过："攻其不备，出其不意。""使其不御，则攻其虚。"

因为我们乘虚而入，对方没有防备，自然就会放下武器投降了。

②不要与对方做无意义的争辩

"你明明是在说谎。"

"不！我说的都是实话。"

"你为什么要说谎？"

"不！我根本就没说谎。"

这样的争辩实在没有意义，再怎么争论下去也不会有结果的。

表面上看来，这种问话的方式有点像是追根究底。其实是完全变了质。

③使对方反复地做出同样的事

谎话只能说一次，如果经过两次、三次的重复，多多少少就会露出马脚。我们在日常生活中常会发现这种现象，例如，早上同事打电话来说：

"对不起！我家有客人，麻烦你帮我向领导请个假，谢谢。"

经过几天以后，你突然问他：“前几天你为什么要请假呢？”这时他可能说：“因为孩子得了急病！”这种人一定不是为了正当的理由而请假。或许他在外面兼职，或许他在外面做了某些不可告人的事。

有一位非常细心的人，他每次说谎之后，都会把它记在备忘录里，以免重复。这个方法真是无聊透顶，假如他说了一个曲曲折折的谎话，是否也能一一把它记下来？总有一天他会露出马脚的。

④要有效地利用证据

要使对方说出实话，最高明的手法就是提出有效的证据，尤其是物证，它的效果更大。

拿出有力的证据来做武器，是识破谎言最好的手法。不管对方如何狡辩，只要我们有确凿的证据，他就不得不俯首承认。

但更重要的是必须懂得如何运用这些证据，如果运用不当，证据也会失去效用的。

关于这一点，我们首先要注意的就是：时机是否运用得当？如果事情过了很久，我们才拿出证据来印证，那么证据的价值可能就大大地减低了。

如果我们在提出证据之后，还让对方有充分的时间去考虑，也是不妥当的。因为这样不是又让他获得了一个答辩的机会吗？

那么，证据要同时提出还是逐项提出来呢？这个问题我们不能一概而论，必须看证据的价值以及当时的状况来决定。

至于我们握有的证据究竟有多少，绝不能让对方知道。尤其是当你只有少许证据的时候，更要绝对保密。总之，证据是一种秘密武器，证据愈少愈要珍惜，否则失败的将是你而不是对方。

不到决定性的时候，不要让对方知道，或者显露自己手中的证据。你必须一面静听对方的陈述，一面在暗中对照证据；同时，也要考虑对方手中证据的可靠性，使紧握在手上的证据能运用得恰到好处。

以上所说的方法，到底使用哪一种比较好呢？当然，这要看对方的情况而定了。有时不能只用一种方法，必须综合运用多种方法才能收到效果。

第三章

行为辨真伪

1. 从坐姿看内心

正确的坐姿可以给人以端庄、稳重的印象，使人产生信任感。另一方面，它也可以给交谈带来方便。其实，坐姿本身也在传递着对方性格的信息。因此，我们在考察他人性格时要注意以下几个方面：

距离：与别人交谈时，有的人喜欢身体前倾，与别人的距离几乎为零。这种人性格属外向型的，他们容易合群，善于与他人沟通，对自己的想法不保留；但这种人警惕性不高，容易相信别人，会轻易暴露缺点。而采取与谈话者远距离姿势的人，这种人大都冷漠刻板，狂妄自大，这种人不会轻易暴露自己的想法，警惕性高，不愿意主动与他人交换意见。

方向：交谈时坐谈话者正对面的人，其性格一般比较刚烈勇猛、敢于冒险，这种人的竞争意识强烈，社会适应能力很强。这种人最大的缺点就是容易武断行事，容易走向极端，独断专行。与此相反，把位置选择在谈话者身旁的人，一般比较柔弱，容易理解人。这种人做事比较谨慎，没有把握成功的事他们是不会轻易行动的。

深浅：深坐的人的性格希望自己居高临下，有一种强烈的控制欲；而浅坐的人，坐在位置上常感不安，无意识中会表现出一种服从对方的心理来。

除了上述以外，关于坐姿的其他一些小动作也可反映人的性格与心理。

譬如，有些人一坐下来就会跷起二郎腿，这种人深沉、不服输、傲慢。不过，这是男人的情况。那女人呢？如果是女性朋友大胆地翘起双腿，这就表现出她对自己的容貌或衣着服饰相当自信。她觉得采取这样的坐姿，很有把握吸引男人的注意。同时也表示她显示自己的强烈欲望，这种女人自尊心很强，热衷于做老板，她一面很轻松地跟男人来往，一面也不轻易倾心于一个男人。

俗话说，“坐有坐相”。那么我们应该培养什么样的坐姿才是良好的呢？正确的坐姿应是：

入座时要轻要稳。走到座位前，转身后，轻稳地坐下。女子入座时，若是裙装，应用手将衣服稍稍拨一下，不要坐下后再站起来整理衣服。

如与他人交谈时，身体上半身稍微向前倾，背部勿靠住椅背，手要端正地放在腿上，鞋跟要靠拢。如果是面对面谈话，身体要稍倾斜而坐，双膝间的距离约为一个拳头，也可以自然并拢，双腿正放或侧放，双脚并拢或交叠。坐在椅上，应至少坐满椅子的2/3，脊背轻靠椅背。坐时不可以高跷起二郎腿，坐下后不应随意挪动椅子。不要为了表示谦虚，故意坐在椅子边上，身体萎缩前倾，因为这是一种阿谀之相。

坐时也不可以将大腿并拢，小腿分开。就座以后，不能两腿摇晃，或者一条腿搁在另一条腿上。无论男女，都不宜把腿分得很开，女性尤宜注意。女性在穿裙子时，侧坐比正坐姿势优美，但在答礼时必须正坐。

坐姿的形式是多种多样的。我们一方面要注意观察对方的姿态，并能敏捷地探测出其心理活动，知晓对方是何种性格，明智地采取各种应变措施；另一方面要培养自己具有一个好的坐姿。要知道，那种七歪八斜或高跷二郎腿的坐姿，在任何社交场合，都是不允许的失礼行为。

2. 从站姿探知心理

站姿是一个人的修养、教育、性格和人生经历决定的，所以它无不反映一个复杂的内心世界。

有的人站姿是抬头、挺胸、收腹，两腿分开直立，两脚道呈正步，像一棵松树般挺拔。这种人是健康自信的人，因为自信，所以这种人做事雷厉风行，很有魄力；其次，这种男人有正直感、责任感，是大多女孩子追寻的对象。

而那种站立时弯弯曲曲、头部下垂、胸不挺、眼不平的人，则是缺乏自信，做事畏缩不前，不敢承担风险和责任的人；除此之外，这种人可能就是那种专干偷鸡摸狗之事的人，因为做贼心虚，所以头抬不起，胸不敢挺；还有一种人也如此，他们身体情况欠佳，故而显得精神不太好。

对于那种站立姿势不倾不斜的人，则是前面两种人的一个折中。此种人遇着南风往北边倒，遇着北风往南边倒，但此类人就有大法术，那就是：不倒翁。为了不倒，这种人极尽阿谀奉承、拍马钻营之能事，这种人还善于伪装，伪装的让人觉得马屁拍的声音不大，但很温柔舒服，日久天长，感觉马屁真还离不开他的拍打了。因此，这种人一般城府很深、深藏不露，甚至于阴险狡诈、心肠恶毒，不得不提防。当然，那种做事缺乏主见、优柔寡断之人也在此列。

不良站姿不能显示出人的朝气及活力，所以我们平时应注意站立时的姿态。所以，培养一个正确的站立姿势就显得非常重要。

从站立的姿势看，一般提倡丁字步：两腿略微分开，前后略有交叉，身体的重心放在一只腿上，另一只则起平衡作用。这样不显得呆板，既便于站稳，也便于移动。站立的姿势适当，你就会觉得全身轻松、呼吸自然、发音畅快，特别有助于提高音量。只有好的站姿，才能使身姿、手势自由地活动，才能把自己的形象充分地显露出来。无论男性还是女性，站立姿势应给人以挺、直、高的美感。

就男性来说，站立时身体各主要部位舒展，头不下垂，颈不扭曲，肩不耸，胸不含，背不驼，髋、膝不弯，这样就能做到“挺”。站立时脊柱与地面保持垂直，在颈、胸、腰等处保持正常的生理弯曲，颈、腰、背后肌群保持一定紧张度，这样就能做到“直”。站立时身体重心提高，并且重点放在两腿中间，这样就能做到高。

就女性来说，站立时头部可微低，这有利于突出女性温柔之美；挺胸，这可以突出乳房，不仅能显得朝气蓬勃，而且是自信的象征；腹宜微收，臀部放松后突，则能增加女性曲线美。

在正式场合站立，不能双手交叉、双臂抱在胸前或者两手插入口袋，不能身体东倒西歪或依靠其他物体。另外不要离人太近，因为每个人在下意识里都有一个私人空间，若逼得太近会使对方有被侵犯的感觉。所以在正式场合与人交谈时，不要与人站得太近，而要尽量与别人保持一定的距离。

有人说：“站姿是性格的一面镜子”，此话一点不假。我们只要细心观察周围的人，从他们站立的姿势语言去探知其性格心理，也许会有收益的。

3. 从走姿看中透视其内心

从“走姿”观察人，世界各国古已有之。观察一个人怎么走路，并从走姿中透视其内心。你肯定会有所收获，并且觉得妙趣横生。

走路昂首挺胸的人。这种人大多比较自信，其自尊心也较强，有时则过于自负，好妄自尊大，还可能有清高、孤傲的成分；凡事只相信自己，处处主观臆断，对于人际交往较为淡漠，经常是孤军奋战；但思维敏捷，做事有条不紊，富有组织能力，能够成就财富事业和完成既定目标，自始至终都能保持完美形象。

步履矫健的人。这种人比较注重现实和实际，精明强干，往往是事业有成的代表；凡事三思而后行，不莽撞和唐突，不好高骛远，无论是事业还是生活，都能够脚踏实地，一步一个脚印地前进；这种人重信义和守诺言，有“君子一言，驷马难追”的魄力，不轻信人言，有自己的主见和辨别能力，是值得放心的人。

健步如飞，不顾左右的人。这种人遇到紧急情况会不顾一切地疾行，如果任何时候都显得匆匆忙忙，好像屁股后面着了火似的就另当别论了。他们办事比较急躁，虽然明快而又有效率，但缺少必要的细致，有时会草率行事，缺少耐性；他们遇事从不推诿搪塞，勇敢正直，精力充沛，喜欢面对各种挑战。

躬身俯首的人。这种人给人最大的印象就是自信心不足，缺乏一定的胆识与气魄，没有冒险精神；谦虚谨慎，不喜欢华而不实的言词，给人一种彬彬有礼的感觉；与人交往过程当中，不过多地表达自己的感情，虽然沉默冷淡，似乎对什么都没有兴趣或热情，但实际上他们特别重视友谊，一旦找到了知己，就会全力以赴，甚至不惜为对方两肋插刀。

翩翩若舞的人。这种人多半是女人，她们走路时扭动腰肢、摇曳生姿。但是她们坦诚、热情、善良、随和，可谓是社交高手。有人说这种姿态走路的女人有些放荡和轻佻，但更多的现代人认为这是女人妩媚和迷人的动作，此种人充分展现了女人的风采和气质。看过电视剧《粉红女郎》的都知道，剧中的女主角“万人迷”就是这种人最典型的代表。

手足协调的人。这种人对待自己非常严厉，不允许有半点的差错和放松，希望自己的一举一动都可以作为他人的榜样；具有相当坚强的意志力和高度的组织能力，但容易偏向武断独裁，让周围人畏惧；对生命及信念固执专注，不易为别人和外部环境所动，为实现目的会不惜一切代价。

双足内敛或外撇的人。可以想象，这种人走起路来用力而且急促，但是上半身却基本维持不动。他们不喜欢交际，认为那是无聊之人才做的事情，不愿意为此浪费时间和精力；此类人头脑聪明，做起事来总是不动声色、给人意外的惊喜，也有保守和虚伪的倾向，所以知心朋友并不是很多。

走路心不在焉的人。因为心不在焉，所以这样的人走路步调混乱，没有固定习惯，或是双手放进裤袋，双臂夹紧；或是双臂摆动，挺胸阔步。他们豁达大方、不拘小节，可以作为好朋友。

落地有声的人。这种人双足落地的时候发出清晰的响声，行进快捷，昂首挺胸，一副精神焕发的样子。他们志向远大，积极进取，精心设计和打造自己的未来和生活，期望一天比一天过得更好；理智，做事有条不紊，规规矩矩，同时注重感情，热烈似火，可以选为情人或伴侣。

文质彬彬的人。这种人走起路来不疾不缓，双手轻松摆动，富有教养。但是这种人胆小怕事，没有远大理想，而且不思进取，喜欢平静和一成不变，所以总是原地踏步和维持现状；遇事冷静沉着，不轻易动怒。有专家明鉴，以这种姿态走路的女人多属于贤妻良母型。

横冲直撞的人。这种人走路疾快，不管是在拥挤的人群当中，还是在人迹罕至之地，一律横冲直撞，长驱直入，而且从来不顾及他人的感受。他们性情急躁，办事风风火火；坦率真诚，喜欢结交五湖四海的朋友，不会轻易做出对不起朋友的事。

犹疑缓慢的人。这种人走路时仿佛身处沼泽地似的，行进艰难。这种人大多性格较软弱，遇事容易知难而退，不喜欢张扬和出风头；遇事总是思考再三，否则绝不冒险迈出第一步，结果往往错失良机；憨直可爱，胸无城府，重视感情，交友谨慎。

手足不协调的人。这种人走路姿势是双足行进与双手摆动极不协调，而且步伐忽长忽短，让人看了极不自在。这种人生性多疑，对什么事都是小心翼翼，瞻前顾后；责任感不强，做事往往有始无终，甚至溜之大吉。

慢悠悠走路的人。这类人平时总是优哉游哉走路，说明此人无所事事，游手好闲，不务正业。他们大多性格迟缓，对自己放任自流，凡事得过且过，顺其自然，没有太高的追求，缺乏进取心。

故弄玄虚的人。这种人走路左右摇摆，一副弱不禁风的样子。好故弄玄虚，明明一无所有却要摆出一副卓尔不凡的架势，遇到难题不是推卸转移就是不了了之，不允许别人有半点对不起他们；奸诈虚伪，善于阿谀奉承，往往导致事业、爱情和生活上的失败。

连蹦带跳的人。这种人手舞足蹈、一步三跳且喜形于色，一定是听到了某种极好的消息，或得到了意想不到的或是盼望已久的东西。他们城府不深，不会隐藏自己的心思；此类人往往人缘极好，朋友也不少。

不安静的人。这种人除了睡觉以外，没有一刻安静的时候，喜欢窜上窜下，以博得别人的注意。做事粗心大意，丢三落四，但慷慨好施，不求名利与享受，安分守己，认真经营自己所热衷的事业；喜欢凑热闹，害怕孤独；健谈，常常口若悬河，评古论今；思想单纯，喜欢户外活动，特别是徜徉在大自然当中。

4. 以举止视人心

大凡识人，一定要从各方面来观察，例如通达就看他的礼节，尊贵就看他上进的程度，富裕就看他的修养，止就看他的喜好，达就看他的言辞，穷就看他哪些不接受，贱就看他哪些不去做。高兴时检验他的操守，快乐时检验他的懈怠，发怒时检验他的气节，害怕时检验他的坚持，悲哀时检验他的情怀，受苦时检验他的志向。这些，是古人识人的根本。

从事不同专业的人受专业影响性格往往会有不同，不同的专业之所以能够影响人的能力和性格，原因不外乎两点：一是因为专业素质是人们认识世界、了解世界的重要条件，是学习历史、学习经验、学习知识、提高人的素质的必要因素；二是因为文化是人们交流思想、表达思想、联系社会的重要条件，是提高思维能力、处事能力的必备要素。因此，我们在考察人的能力的时候，必须考察其文化知识，在评价人的才德的时候，必须考虑其专业条件。

这主要体现在两个方面，一是不同的职业团体在社会中所处的地位不同，他们为人处世的态度也有所区别。例如，从事精密仪器制造的工人对工作一丝不苟，性格比较稳定。从事重体力的搬运工人则不拘小节、性格开朗等等。二是不同职位或职务的人在组织中或社会中的地位不同，其才德乃至行为也有所区别。

例如，一个正在工作的木工，耳朵上别着一支香烟，人们觉得很自然，不以为怪。而如果正在授课的一个教授耳朵上别着一支香烟，就可能显得很滑稽，学生们可能要捧腹大笑。而如果某国一个外交部长在接见外宾时，也随手把旁人递上来的一支香烟别在耳朵上，就必然使外国贵宾们目瞪口呆。同样一件事发生在不同人的身上会产生不同的反应，就是某种职业的习惯性评价发生了矛盾。

（1）困境识英雄

马谡是诸葛亮手下的谋士，以谋略取得诸葛亮的信任，司马懿领兵进攻街亭，马谡立功心切，立下军令状，但他的想法并未如愿。街亭失守，打乱了诸葛亮出祁山的计划，马谡不仅没能立功，还丧失了卿卿性命。而同去的赵云、邓芝却表现甚好，没有损兵折将，还保证了军资什物的安全，深得孔明的喜欢。孔明亲自率领诸将出迎，见到赵云说：“是吾不识贤愚，以致如此！各处兵将败损，唯子龙不折一人一骑，何也？”邓芝回答说：“某引兵先行，子龙独自断后，斩将立功，敌人惊怕，因此军资什物，不曾遗弃。”孔明夸奖道：“真将军也！”还赏赐赵云50两金子，取绢一万匹赏给赵云的部卒。赵云推辞不受，孔明更是倍加钦敬，叹道：“先帝在日，常称子龙之德，今果如此！”

“时穷节乃见。”以赵云的全胜反衬马谡的惨败，认识一个人，需要有察其言、观其行之能。徒以纸上谈话，最终的结局是可悲的。

（2）识人于反常

正常人的行为，一般都是合乎情理的，而那些不合情理的事情，其中必有原委。为此，付诸于情理的分析和判断，也是辨识人心的一个方法。

长州一位姓尤的富人，开了一家典铺。年底的时候，忽然听到外面乱哄哄的，出外一看，原来是一些邻居在围观店伙计和一个人吵架。店伙计告诉他说：“他把衣服典当在这儿，今天空着手要取衣物，还出言不逊，哪有这样的道理？”那个人也恶狠狠地大吵大嚷。尤翁慢慢地对那个人说：“我知道你的意思，不过是想过新年嘛！这样的小事，吵什么？”

他让伙计找出那人的典当之物，指着棉衣说："这是挡风御寒的东西，少不了。"又指着长袍说："这给你拿去拜年用。别的东西不等急用，就暂时放在这儿吧！"那人拿着两件衣服，愤愤地走了，夜里死在别人家里，官司打了一年多。原来，那人负债太多，就服了毒药。他知道尤翁有钱，想坑他一下，没有成功，就换了别家。有人问尤公："您是怎样知道这个阴谋的？"尤翁问答说："凡是不合理的行为，背后一定有原因，从常理上推测，他的那些不合理的行为，一定有他的目的，如果不能忍耐他的无理，一定会招来灾难的。"

（3）识人于怪诞

世上有一些好大喜功的人，他一日大权在握，就会把自己的意愿强加于别人，他的心态怪诞导致了行为的怪诞，只有把握住他内心的活动状态，看穿他的目的和想法，才有可能从他残暴手段中逃脱出来。

古代有一个国王很爱漂亮，但他自己却身有两残，缺一目外加少一腿，有一次他心血来潮，要让画师给自己画像。第一位画师是个老实人，他规规矩矩地画出了国王的本来面目——又瞎又瘸。国王看后不禁怒从心头起，恶向胆边生："这个可恶的画师竟敢把我画得如此丑陋，真是该杀。"于是这个本分的画师被杀害了。

国王不甘心，又找了一个画师来画像，这个画师知道了前面那个同行的悲惨结局，再也不敢照实描绘国王的缺陷了。他在画布上画了一个双眼明亮两腿矫健的国王，心想这下国王该满意了吧，结果国王还是大发雷霆："这难道还是我吗？"这个画师也没逃出被杀害的命运。这下国王的画师们谁都不敢再给国王画像了，没想到有个小画工自告奋勇地说他能画好，大家都替他捏了一把汗。小画工却是一副胸有成竹的样子，最后，国王的肖像终于完成了。这回国王看着肖像笑了，夸小画工真是个聪明的人。

小画工是怎样画的呢？他既没有像第一个画师那样把国王的缺陷完全

表现在画布上，也没有像第二个画师那样不顾实际妄画。他画的国王是这样，侧身骑在马上，残缺的那条腿隐在马鞍的后面，双手举着猎枪，眯着一只眼在瞄准，而这只眼正是那只瞎眼。画面上是一个英姿勃发、骑马打猎的国王，看不出任何缺陷，可谁也不能说他像第二位画师那样改变了国王的本来面目。

（4）识人于急智

把一个人放置在绝望之谷，最能识别一个人的真实面目。

汉朝初期，汉高祖刘邦派樊哙以相国名义带兵去平定谋反的燕王卢绾。发兵之后，有人揭发樊哙在刘邦生病时，与吕后勾结，等刘邦一死，就要把戚夫人一家杀绝。刘邦很生气，就派陈平骑马去传达命令，让周勃代樊哙指挥军队，并立即在军中把樊哙斩首。

陈平接受任务后，私下里同周勃商量说："樊哙是功臣，又是吕后的妹夫。皇上只是一时恼怒，想杀掉他。但是皇上已经病重，未来是什么情况，并不明白。所以还是不把樊哙马上斩首，只是把他押回来让皇上自己下命令杀掉为好。"周勃也同意这样做。

后来，在押送樊哙回京的路上，陈平听见刘邦去世的消息。他急忙赶回向吕后报告逮捕樊哙的经过，吕后叫他把樊哙放了。因为他没有照刘邦的旨意杀死樊哙，所以吕后还是相信他，又让他做太子的老师。以后吕后家庭要为樊哙报复陈平，在吕后那里也通不过了。

（5）识人于危难

明太祖朱元璋登基后为了增加告密工作的可靠性，多任用宦官、外戚等亲信，中书参政胡惟庸见他滥杀勋臣太多，就打算以请朱元璋到自己府上观醴泉为名，趁机在席间杀掉他。计划被一个名叫云奇的小臣知晓。当朱元璋驾出西华门时，这云奇突然奔跑到朱元璋面前，拦住车马，因激动，无论如何说不出话来，朱元璋以为他无理取闹，对皇上不敬，怒令左右乱锤痛击云奇。云奇右臂折断，眼看要被打死，仍不顾自己，努力用手指着比划胡惟庸住宅。朱元璋这才恍然大悟，即令御林军逮捕了胡惟庸，处以分裂肢体、抛之于市的刑罚。云奇也得到了奖赏，被视为忠臣。

关键时刻的难题最能考验人，有的人确实有才能，在紧要关头站出来，就能使自己的才能被人发现。毛遂自荐随平原君到楚国谈判合作的军国大事，平原君与楚王谈了大半天也没结果，主要是楚王有些顾虑，决意不下。眼看谈判要以失败告终，随行的其他19个人都一致动员毛遂上，考验他的时候来了。毛遂鼓足勇气，按剑历阶而上，问平原君："从之利害，两言而决耳。今日出而言从，日中不决，何也？"楚王得知毛遂是平原君的幕僚后大怒道："胡不下！吾乃与而君言，汝何为者也！"毛遂受辱但毫不含糊，提剑逼近楚王，以三寸不烂之舌说服了楚王，平原君出使楚国大功告成。这一出使楚国，使平原君认识了毛遂的价值，把毛遂作为上客看待。

同样，汉代的寇恂也是这样一位能够在危急时刻显出英雄本色的名将。光武帝刘秀在平定河内（今河南黄河北一带地区）一带时，刘玄手下的大司马朱鲔正统率大军屯兵在洛阳城，直接威胁河内地区。刘秀问邓禹："诸位将领之中，可以派谁去据守河内？"邓禹回答道："寇恂文武兼备，且有驾驭众人的才能，是据守河内的最佳人选，舍此之外，别无良将可派。"刘秀点头表示赞同，遂任命寇恂为河内太守，并行使大将军的权利。寇恂到任后，向所属州县下达命令，让他们练兵习武，并且砍伐淇园的竹林，造箭100多万支，同时又养马2000匹，收租400万斛，运送给军队。刘玄的大将朱鲔得知刘秀已率大军北征，河内孤立无援，认为有机可乘，便派讨难将军苏茂和副将贾强领军3万，渡河进攻寇恂。寇恂探知敌情，立即领兵迎战，并召令各地方州县发兵。结果，河内固若金汤，朱鲔败逃。刘秀看后大为高兴，说："我就知道寇恂是值得信任的！"

（6）识人于常

日本的电器大王松下幸之助特别注意听取年轻人的意见，他从平常工作中发现一个年轻人很有潜力，虽然他没有经常地在松下幸之助面前展示自己。

松下幸之助决定派这个年轻人到日本西海岸的金泽市去开办营业所，临行之前，他对那个年轻人说相信他一定能够干好。只要他相信自己，总结经验，就一定能胜任。后来，那位年轻人果然干得不错，两年后，营业员便增加到7人。

（7）识人于行

一些公司领导对前来应试的业务人员，经常会采取各种不同的方法考验其内在品质。

一次，他让两个应试的业务人员和他一起挤公共汽车，他发给每人1元钱车费，而车票的价格是0.9元，两位应试的竞争者，都是朝气蓬勃的年轻人，一位用1元钱买了车票之后，对应找1角钱不屑一顾，说声不用找了，而另一位则坚持要找回1角钱，虽然不少人用鄙视的目光看着他的举动，而他依然如故。这时那位领导拍一下他的肩头说：“年轻人，你被录用了。”

在那位领导看来，能够为应找1角钱据理力争的人，日后肯定会为公司的利益不惜一切代价的，从这件微不足道的小事，他看透了两个应试者的内心活动状态。

（8）识人于吃

当林肯到了找女朋友的年龄，他的母亲给他讲了一个从吃饭方面认识一个女孩子的人生经验：

“如果一个女孩子跟你去吃西餐，点了‘全餐’，起初上来的开胃菜、面包、汤、沙拉，她全吃光了，等到后面的主菜和甜点，已经吃不下去，你可别怪她。她绝不是浪费，只是不会点西餐，甚至可能没吃过‘全餐’。但你要是哪天遇见一位小姐点了全餐，而且从头到尾，每道菜只碰一点点，可就得小心了。那是真浪费，只怕你将来养不起！”

5. 手势语言可识心

手势是一个人内心世界的反映，同样通过手势语言、我们可以做到看透对方心理。

（1）称赞别人跷拇指

在人们的观念中，跷大拇指，表示“第一”、“好”、“高人一筹”、“独占鳌头”等意思。在手相术中，大拇指表明个性和自我力量，常用来显示使用者具有支配力量、优越地位甚至争强好胜。使用大拇指的手势是辅助性的，常与其他非语言信号配合使用。使用者通常是：好在下级面前摆架子的傲慢经理，在一个很可能与之相好的女性面前求爱的男人；身着表示身份高的服装和拥有某种声望的男人；身着新异服装者使用拇指动作比身着陈旧过时服装者更为频繁。就是说，说话跷大拇指可以显示一种特殊的权威和高明的姿态。

当人们陈述己见以示与他人不同时，跷拇指尤其能够表现其优越性。例如，如果一位律师以低沉柔和的语调对陪审团说：“陪审团的女士们、先生们，以鄙人之见……”他一边说一边跷起支配性的拇指，向右昂首，一边目光向上，陪审团成员就会觉得该律师不大真诚，甚至高傲自大。

跷大拇指，更多的时候是表示称赞的意思。我们仍举例来说明。

毛泽东主席一生风趣幽默，妙语连珠。关于他的幽默故事流传下来的颇多。在红军转战陕北的艰苦岁月里，有一天深夜，部队进驻一个村，由于人多村小房子少，毛泽东和十几个同志同睡一个小窑洞。房东大嫂走上前，忐忑不安地说："这窑洞太小了，地方太小了，对不住首长了。"毛泽东随着大嫂的语调说："我们队伍太多了，人马太多了，对不住大嫂了。"毛泽东说着，又跷起大拇指说："顶好！顶好了！"毛主席话没说完，所有的人都大笑起来，房东大嫂的紧张心情自然也就消失了。

在一些特定场合，用拇指指人还有讥笑或贬低他人的作用。例如，某丈夫握着拳头却将大拇指指向妻子，侧身对其朋友说："你知道，女人嘛，都那样！"这很可能会引起夫妻间的一场口角，用大拇指斜着指人的动作，是会引起他人不满的，最好少用或不用，真诚地赞赏和称赞他人时，应该面带微笑，将手平伸出去，将拇指上扬，才能表现态度谦虚乃至尊重。

（2）攥紧拳头说话有力量

一般情况下，在庄重、严肃的场合宣誓时，必须要右手握拳，并举至右侧齐眉高度。有时在演讲或说话时，捏紧拳头，则是向听众表示："我是有力量的。"但如果是在有矛盾的人面前攥紧拳头，则表示："我不会怕你，要不要尝尝我拳头的滋味？"

有这样一则民间故事：

两个乡下财主站在村头说私房话儿，农夫老田见了，同他们打个招呼走了。忽然，那个瘦财主喊道："黑老田，站住！"

农夫站住了，对匆匆赶来的瘦财主说："您有什么事儿？"

瘦财主喘了喘气说："你打断了我们的话把子，赔五石谷，折合洋钱50块，3日之内交清。"

老田回到家里，愁眉苦脸，茶饭不进，只差没有寻短见。妻问其故，农夫照实说了，其妻说："这有什么可怕的？到时候由我对付就是了。"

到了第二天，田妻叫她男人上山砍柴去了，自己便在门口等着，瘦财主来了，劈头就问："你的男人呢？"

田妻不慌不忙地说："我男人上山挖旋涡风根去了。"

瘦财主一听，喝道："胡说，旋涡风怎么还有根？"

田妻反问："那么，话还有把子吗？"田妻攥紧自己的拳头。

瘦财主无理取闹，自知理亏，又见了田妻带有威胁性的拳头，灰溜溜地走了。

美国南北战争期间，弗吉尼亚州的一位议员建议联邦政府放弃萨姆特和皮肯斯城堡及在南方各州的其他联邦产权。林肯说："你记得狮子和樵夫女儿这个寓言吗？"那位议员说不知道。于是林肯给他讲了这个故事：

有只狮子深深地爱上了一个樵夫的女儿。这位美丽的少女让它去找她父亲求婚。狮子向樵夫说要娶这个姑娘，樵夫说"你的牙齿太长了"，狮子去看医生，把牙齿拔掉了。回过头来樵夫又说"不行，你的爪子太长了"，狮子又去找医生，把爪子也拔掉了。樵夫看到狮子已经解除了"武装"，就用枪把它的脑袋打开了花。

林肯说："如果别人让我怎么样我就怎么样，那我会不会也是这个下场呢？"

林肯说完这句话，攥紧拳头，加重语气说道："我决不会听任何人摆布！"

林肯在这儿攥紧拳头，显示的是一种果断、坚决、自信和力量。平时我们听人演讲见人讲话时攥紧拳头，证明这个人很自信，很有感召力。但在日常生活中，我们与人发生不愉快时，请把你的拳头藏起来，而不要攥起拳头在对方面前晃动，那样做的结果，势必会引起一场打斗，这是不可取的。

（3）双手叉腰说话别把手叉错了

孩子与父母争吵、运动员对待自己的项目、拳击手在更衣室等待开战的锣声、两个吵红了眼的冤家……在上述情形中，经常看到的姿势是双手叉在腰间，这是表示抗议、进攻的一种常见举动，有些观察家把这种举动称之为“一切就绪”，但“挑战”才是最基本的实际含义。

这种姿势还被认为是成功者所独有的站势，它可使人联想到那些雄心勃勃、不达目的誓不罢休的人。这些人在向自己的奋斗目标进发时，都爱采用这种姿势。它从中含有挑战、奋勇向前的趋势，男士们也常常在女士面前多用这种姿势，来表现他们男性的好战，以及男子汉形象，但女人如果用这一姿势，给人的感觉则是不温柔，有母夜叉、河东吼狮之嫌。

有趣的是，人们发现鸟类在战斗或求偶时，总爱抖擞精神，蓬松羽毛，这样它们就可以显得体格硬朗，而人类把手叉在腰间，也是为了同样的原因，也是为了使自己显得更高大和威武些。男人对男人这样做是为了用身体向对方挑战，警告对方不要进入他的领地。

说话时认真考虑采用这种姿态的特殊环境，可使说话人更能收到最佳的说话效果。

在生活中，我们应该多些友爱和阳光，说话时双手叉腰，我们可以向困难挑战，可以向远大目标挑战，而不可以向同类挑战，不可以用双手叉腰增添剑拔弩张的气氛。

（4）拍案而起，说话具有威慑力

当人们在受到意外的打击或处于极度愤怒时，会拍案而起，这种情况的出现多针对于敌我矛盾。拍，是维护自己的尊严，同时也是对敌方一种极为强烈的谴责。

我们来看下面的实例：

19世纪末，美、英、法、俄、德、意、日、奥八国联军，对中国发动了疯狂的侵略战争，先后占领了天津和北京。腐败的清政府毫无抵抗能力，慌忙屈膝求和。一次，清政府与八国“议和”。会议开始之前，有一个帝国主义国家的代表，想借机欺辱中国，并显露自己的才能。他起身离席阴阳怪气地对清政府说：我听说你们中国有一种独特的文学形式叫做对联，要求语词对称，音调协调，严密工整。现在我出一上联，要你们对出下联！我这上联是："'琵琶琴瑟八大王，王王在上，单戈即战'，请对下联吧！"

八国代表马上明白了他的含义，发出一阵得意的狂笑，交口称赞，并乜视着中国代表们，看他们如何对应。然而，腐朽无能的清政府代表，面对帝国主义分子的挑衅和戏弄，虽然胸有不平，但一时无词对答，只是尴尬地苦笑。八国代表越发得意忘形，恣意大笑。就在这时，只见一位清政府代表身后的秘书拍案而起，正义凛然，两眼圆睁，两道目光犹如电光扫过全场。全场顿时鸦雀无声。片刻，他以洪亮的声音说道："既然外国人能想出上联，中国人就能对出下联！下联是：'魑魅魍魉四小鬼，鬼鬼犯边，合手便拿'！"

这对仗严谨、词锋犀利的对答震慑群魔，使挑衅者相顾愕然，瞠目结舌。

（5）什么情况下手势上扬

手势上扬，代表着赞同、满意或鼓舞、号召的意思，有时候也用以打招呼。朋友见面，远远地扬起手："Hello"演讲或说话时手势上扬，最能体现个人风格，表明演讲者或说话者是个性格开朗、豪放、不拘于形式的人。

手势上扬，是一种幅度比较大的手势动作，容易使人产生比较鲜明的视觉形象，引起人们对于形式美的富于社会内容的主观感受。有人描绘法国前总统戴高乐："当他进行公开演讲时，他的习惯动作是两臂向上。其目的只是为了强调他的讲话……有时他举着双手，把自己直挺挺的上身从桌上伸出俯向听众，好像要把演说者的坚定信念注入听众的心坎上……"

在我们的日常工作和生活中，也常看到手势上扬的姿势，如某经理交代完一份工作后，对他的员工扬了扬手说："好了！就这样吧！"在听完一份汇报后，扬了扬手说："行了，行了，我已经明白了。"在这个时候的手势上扬，表示赞扬和肯定的意思。当我们与朋友、熟人告别时，也常扬扬手说声："再见！"总之，手势上扬，是一种能显示出个人特点、很受人欢迎的手势，可以塑造出一种豪放、大度、有号召力的说话魅力形象。

（6）手势下劈可制造语势

手势下劈，给人一种泰山压顶、不容置疑之势，使用这种手势的人，一般都高高在上，高傲自负，喜欢以自我为中心，他的观点，不会轻易容许人反驳。伴随着这个动作的意思是："就这么办。""这事情就这样决定了。""不行，我不同意！"等等话语。我们来看下面几则例子：

杰斐逊从法国归来后，在一天吃早饭的时候问华盛顿，为什么宪法制定者们会在1787年的例会上同意设立一个第二议院。华盛顿避开话题反问他：

"你为什么把咖啡倒入浅碟中？"

"降降温度。"杰斐逊回答。

华盛顿接着说："既然如此，我们也可以把法则放入参议院的浅碟中降降温度嘛！"

华盛顿把手先举起来，然后慢慢地往下劈，增强了他所说的"降降温度"的视觉效果。

日常生活中，我们也常遇到一些领导，在讲话时，为了强调自己的观点，把手势往下劈，每当这个时候，听者最好不要轻易提出相悖的观点，对方一般也是不会轻易采纳的。平常与同事或朋友三五成群地争论问题，有人为了证明自己的观点而否定别人的观点，也常用这种手势否定别人的观点，打断别人的话。善于识别这种手势语言，有助于我们为人处世采取适当的姿态。

（7）双手平摊就感觉你是坦诚的

当人们开始说心里话或说实话时，总是把手掌张开显示给对方，像大多数体态语言一样，这一举止有时是无意识的，有时是有意识的，它都使人感到或预感到对方将要讲真话。相反，小孩在撒谎或隐瞒真情时总是将其手掌藏在背后，当夜晚与伙伴们玩耍通宵方归的丈夫不愿对妻子说出他的去处时，常常将手插在衣兜里或两臂相抱将手掌藏起来，而妻子则可以从丈夫隐藏的手掌上感觉到丈夫在隐瞒实情。

由此可见，与他人交谈时你不时伸出双手摊开，能够使你显得诚实可靠。有趣的是，大多数人发现摊开手掌时不仅不容易说谎，而且还有助于制止对方说谎并且鼓励对方坦诚相待。

我们来看下面这则例子：

安妮想开一家时装店，她对时装情有独钟。但开时装店需要很大一笔钱，但她手里的积累连租门面都不够，她找到好友斯芬商量。斯芬见安妮兴趣很高，不想泼她的冷水，打开保险柜，拿出了所有的现金和信用卡，摊开双手，对安妮说道："嗟，就这些了，够不够？"

"OK，够了够了！太谢谢你了，斯芬！"在斯芬的支持下，安妮的时装店顺利地办成了。开张那天，斯芬来祝贺，安妮一见斯芬，激动地摊开双手，笑着说道："Hello！真诚地欢迎你，斯芬！"两位好友紧紧拥抱在一起。

安妮的服装店生意很红火，但安妮却没有归还斯芬的钱。斯芬因没有大的用处，也没有找安妮要那一笔。大约有一年左右，斯芬的姨妈住院，需要一大笔钱做手术，斯芬和姨妈感情很好，自然不会袖手旁观，斯芬就想安妮能还一部分钱给她，她到安妮的时装店，委婉地说明了来意。安妮的态度却有些暧昧，推说店里生意不好，没赚上钱。

斯芬见安妮的店里客来人往，只一会儿就做成了几笔生意，她双手摊平，问安妮道："真是这样的吗？"

安妮一见斯芬这手势，想起当初斯芬帮助她的情景，脸一下子就红了，把钱还给了斯芬，现在两人关系一直相处得很好！

从这则故事我们可以看出，双手摊平，表示坦诚、真实，同时也能鼓励对方坦诚相待。在生活中，我们不妨也经常将双手摊平，多给他人以坦诚，这样，你在任何人心目中的形象都一定是美好的。

西方有心理学家断言：“判断一个人是否坦率与真诚，最有效、最直观的方法就是观察其手掌姿势是否双手摊开。”当人们愿意表示完全坦率时或真诚时，就向人们摊开双手，说：“没有什么值得隐瞒的，让我坦率告诉你吧。”

（8）双臂合抱可以驱走说话的紧张

双手往胸前一抱，就构成了一道阻挡威胁或不利情形的有利屏障，由此可见，当一个人神经紧张、极度消极和充满敌意时，就会很自然地把双手抱在胸前。

美国一些对双手合抱于胸前姿势的研究工作已获得了非常有趣的成果。研究者要求一组学生参加系列讲座，要求每个学生必须处于一种随便、放松的坐态，双腿与双臂不许交叉。讲座结束时，测验每个学生对所讲的内容记住了多少。他们对讲课人所持态度也要记下来。另一组同学也参加了测试，所不同的是，他们听讲座时，必须自始至终把双臂紧紧抱在胸前。对比结果表明，双臂紧抱胸前的一组学生，所记住的讲座内容比放松状态的那组学生要少38%。第二组学生的测试还显出，这组学生对教课内容和授课人提的意见也更多。

但如果你内心紧张、消极、充满敌意，采取双臂合抱的姿势肯定会使你的感觉好一些。它常见于一个人在陌生人当中，特别是在公开集会上，排队或电梯里，以及任何一个使人感觉不自在和不安全的场合。

还有一种情况，那就是你在演讲时，人们对所听内容不以为然时，大都会采取这种双臂合抱的姿势。很多演说家之所以不成功，就是因为他们没有注意到听众里有人双臂合抱在胸前的表现。而有经验的演说家就深深地懂得，这种姿势就意味着他必须另辟蹊径以求打破僵局，从而转变听众对演讲者所持的否定态度。

在日常生活中，与人面对面交谈时，看到对方双臂紧抱胸前，你应推测自己肯定讲了让对方不同意的话。这时，尽管对方口头上还不停地表示赞同，但你如果不改变方式，仍坚持原来的论点继续讲下去将毫无意义。

人体语言媒介从不会“撒谎”，而一般的语言媒介都可能会撒谎。请记住，只要对方双臂合抱的姿势出现在你面前，对方的否定态度就不会消失。须知是你让对方采取了这种态度，最明智的做法就是努力改变自己的观点，让合抱的双臂松开，友好的情绪也就随着这松开的一刻开始。

（9）十指交叉与微笑要平行前进

在人们面带微笑和愉快的谈话时，常常无意识地将十指交叉。常见的姿势是交叉着十指举在面前，面带微笑地看着对方。也有的交叉着十指平放在桌面上，这种动作，常见于发言人，出现这个动作，发言正处于心平气和、娓娓叙谈的时候……乍一看，似乎上面这几种表情都是表明很自信，但往往并非如此。有一次，一位推销员讲述一次他推销失败的故事。随着他的讲述，人们发现他十指紧紧交叉，手指变得苍白无色，似乎要融化到一起。这一手势表明其受挫情绪或对某人有敌视态度。

尼伦伯格和卡莱罗对十指交叉手势研究后得出结论：这是一种表示心理不安的手势，表明在掩饰其消极态度。

我们来看下面这则小故事：

莫泽请卢埃林来家里吃饭。卢埃林酒醉饭饱之后仍东拉西扯，没有一点走的意思。莫泽因为还有一个约会，终于忍不住了，指着屋外树上的一只鸟对卢埃林说：“这最后的一道菜是这样安排：我砍倒这棵树，抓住这只鸟，把它喂肥点儿，再添一些酒，现烧现吃，你看怎么样。”

卢埃林醉眼蒙眬地说：“烧小鸟？嗯，这菜不错。可是，只怕你还没有砍倒这棵树，鸟早就飞跑了。”

莫泽说：“不，不！那是只笨鸟，不知道什么时候才会离开。”

莫泽说完这句话，手臂放在桌上十指交叉，然后抬头不安地看墙上的挂钟。

一般来说，做出十指交叉手势时手的位置的高低似乎与消极情绪的强弱有关。有的将十指交叉放在膝上，也有的站立时将十指交叉放在腹前。按交往的经验而言，高位十指交叉比中位十指交叉更显得莫测高深。正像所有表示消极情绪的姿势一样，要想让使用这个姿势的人打开紧紧交叉的十指，都需要某种努力来完成。否则，对方的不安和消极是无法改变的。

当我们演讲或是日常生活中与人交谈时，如果遇到情绪消极的情况，作出十指交叉的手势，可以在心理上起到自我保护的作用。从而使谈话更少受到消极情绪的负面影响。

（10）什么情况下数拨手指

一般情况下，数拨手指，是在说明某些数字和条件时，需要特殊强调而增加其说服力和清晰度时，采取的一种手势。我们平时在日常生活中，某领导布置工作，涉及一些数字和条款时，为了不让听者混淆，也常数拨手指，我们在汇报工作时，也常数拨着手指“一条……一条……”、“一点……一点……”这样，就显得更有条理一些，能够增强说服力和清晰度。不给人一种笼统和混乱之感，从而也能使自己的说话魅力形象更鲜明起来。

6. 通过面部动作透视人心

在现实生活中，人们所说的话常常与身体语言在很大程度上是不一致的。

在身体语言中，识人高手往往会通过阅读对方面部动作，了解一个人的内心发射的信号，从而洞察人的心理。在现实生活中，人们所说的话常常与身体语言在很大程度上是不一致的。相对而言，身体语言会更为真实些。比如：通常摊开手掌表示诚实。当一个说谎者摊开他的手掌，而面带微笑时，却因一些细微的动作让他露出了底牌。他在说谎时，瞳孔收缩，眉毛上扬，嘴角肌肉不自然，这些动作都与摊开的手掌的诚实是相矛盾的，因此，从结果上说明他的话并不可信。

让我们从如下几个方面分析具体的几种状况。

（1）破译头部动作的内涵

将头部垂下成低头的姿态，它的基本信息是“我在你面前压低我自己”，但这不限于居下位的人。当同事或居上位者做此动作时，它的信息乃是以消极的方式表达，“我不会只认定我自己”，然后变成这样的目标：“我是友善的。”

头部猛然上扬然后回复通常的姿态。这动作时机是刚刚遇见但还不十分接近的时候，它表示“我很惊讶会见到你”。在这儿，惊讶是关键性的要素，头部上扬代表吃惊的反应。用于距离较远的时候，头部上扬是用在彼此非常熟悉的场合。其时机是当某人突然明了某事物的要旨而惊叹“哦！是的，那当然！”的一刹那。

摇头本质上是否定信号。

颈部把头猛力转向一侧，再使它回复中立的位置，这是单侧的摇头，同样传递“不！”的信息。头部半转半倾斜向一侧是一项友善的表示，仿佛是同路人的打招呼，传递的信息是“你与我之间，这蛮好的！”

摇晃头部时，说话者正在说谎而且试图压抑住要表示否定的摇头动作，但又不能彻底。

晃动头部，常被用来表示惊奇或震惊。其中隐含刚得知的消息是那么不寻常，以至于必须晃动头部才能确信这不是做梦。

头部僵直表示，他是如此的有分量且毫不惧怕，所以甚至什么东西在身侧摔破，都不屑一顾，或者是心里觉得无聊的表现。

颈部使头部从感兴趣之点往侧面方向移开。基本上就是一项保护性的动作，或把脸部移开以回避对身体有威胁的事物，在特殊情况下，这个动作可借着掩饰脸部而隐藏自已的身份。

颈部驱使头部向前伸并朝向感兴趣的方向。这个动作既可满怀爱意，也可满怀恨意。前一种情况是：两个相爱的人，冤家伸长脖子，探出头部以表示他们不畏惧对方，而且瞪视对方如同洞察对方的眼睛；第三种情况则出现在某人渴望吸引你全部的注意力之时，因此他会探出他的脸，以阻挡你去看其他任何可能吸引你的东西。

突然把头低下以隐藏脸部，也可用来表示谦卑与害羞。在心怀敌意的情况下，把头低下则具有全然不同的意义，表示头部有紧迫的负荷，在这种情况下，其主要差异在于眼睛向前瞪视敌人，而不是随着脸部而下垂。

抬头是有意投入的行为。下属进入上司的办公室，站在上司面前，注意到上司的头正低着在桌上写东西。如果他对眼前的人物有畏怯之感，那么他会静静地站在那儿，直到上司把头抬起来看他，这么简单的动作，就足以促使下属开口讲话。

头部后仰，这是势利小人或非常自信之人鼻子朝天的姿态。一个人会把头部后仰，其情绪变化包括：从沾沾自喜、桀骜不驯到自认优越而存心违抗。基本上，这种姿态是挑衅的仰视而不是温顺的仰视。

头部歪斜，这个动作源自幼时舒适的依偎——小孩把他的头部依靠在父母的身上，当成年人（通常是女性）把头倾斜一侧时，此情此景就像倚在想象中的保护者身上一样。如果这个动作是用于玩弄风情，那么头部歪斜便有假装天真无邪或故意卖俏的意味，即表示在你的手中我只是一个小孩，我喜欢把头靠在你的肩上。

头部低垂，表示动作者深觉厌倦。

（2）破译眉头动作的密码

人类眉毛的功能，无疑是表示心情的变化。有人认为它们主要的功用是防止汗水和雨水滴进眼睛里。眉毛是有这种功能，但更重要的还是与表情有关。每当我们的心情改变，眉毛的形状也会跟着改变，而产生许多不同的重要信号，主要有如下几种：

低眉是受到侵略时的表情，防护性的低眉则只是要保护眼睛，免受外界的伤害。

在遭遇危险时，光是低眉仍不够保护眼睛，还得将眼睛下面的面颊往上挤，以尽可能提供最大的防护，这时眼睛仍保持睁开并注意外界动静。这种上下压挤的形式，是面临外界攻击时典型的退避反应，眼睛突然见到强光照射时也会如此。当人们有强烈的情绪反应，如大哭大笑或感到极度恶心时，也会在脸上产生这种情状。

一般人常把一张皱眉的脸视为凶猛，而不会想到那其实和自卫有关。而真正侵略性的、一无畏怯的脸，反而是瞪眼直视、毫不皱眉的。

皱眉所代表的心情可能有好多种，例如：惊奇、错愕、诧异、快乐、怀疑、否定、无知、傲慢、希望、疑惑、不了解、愤怒和恐惧。要确实了解其意义，只有回头去看它的原因。

两条眉毛一条降低、一条上扬。它所传达的信息介于扬眉与低眉之间，半边脸显得激越、半边脸显得恐惧。尾毛斜挑的人，心情通常处于怀疑状态，扬起的那条眉毛就像是提出一个问号。

眉毛打结。指眉毛同时上扬及相互趋近，和眉毛斜挑一样。

这种表情通常表示严重的烦恼和忧郁，有些慢性疼痛的患者也会如此。急性的剧痛产生的是低眉而面孔扭曲的反应，较和缓的慢性疼痛才产生眉毛打结的现象。

在某些情况下，眉毛的内侧端会拉得比外侧端高，而成吊梢眉似的夸张表情，一般人如果心中并不那么悲痛的话，是很难勉强做到的。眉毛先上扬，然后在几分之一秒的瞬间内再下降，这种向上闪动的短捷动作，是看到其他人出现时的友善表示。它通常会伴着扬头和微笑，但也可能自行发生。尾毛闪动也经常于一般对话里，作为加强语气之用。每当说话时要强调某一个字时，尾毛就会扬起并瞬即落下。像是不断在强调："我说的这些都是很惊人的！"

尾毛连闪，是表示"哈罗！"连续连闪就等于在说："哈罗！哈罗！哈罗！"如果前者是说"看到你我真惊喜！"则后者就在说"我真是太意外，太高兴了！"

耸眉亦可见于某些人说话时。人在热烈谈话时，差不多都会重复做一些小动作以强调他所说的话，大多数人讲到要点时，会不断耸起眉毛，那些习惯性的抱怨者絮絮叨叨时就会这样。

眉毛的变化丰富多彩，心理学家指出，眉毛可有20多种动态，分别表示不同心态。

与眉毛相关的动作主要有：

①双眉上扬，表示非常欣喜或极度惊讶。

②单眉上扬，表示不理解、有疑问。

③皱起眉头，要么是对方陷入困境，要么是拒绝、不赞成。

④眉毛迅速上下活动，说明心情愉快，内心赞同或对你表示亲切。

⑤眉毛倒竖、眉角不拉，说明对方极端愤怒或异常气恼。

⑥眉毛的完全抬高表示“难以置信”。

⑦半抬高表示“大吃一惊”。

⑧正常表示“不作评论”。

⑨半放低表示“大惑不解”。

⑩全部降下表示“怒不可遏”。

⑪眉头紧锁，表示这是个内心忧虑或犹豫不决的人。

⑫眉梢上扬，表示是个喜形于色的人。

⑬眉心舒展，表明其人心情坦然、愉快。

（3）观眼部动作识秘密

通常每个人的眼睛里所发出来的，是各种眼色表情，告诉旁观者他内心情绪的变化。眼睛低垂有时表示谦逊的信号，它是基于部属不敢正视长官的正常反应而来。低垂的方向多往地下，不会左右乱瞟。这种眼睛动作往往伴随着鞠躬或俯首听命。

眼睛流露善意，心底必定慈悲；眼睛横竖，性情刚烈；眼珠暴突，性情凶恶；眼睛斜视不语，心怀妒忌不满；近距离细看则神情内藏不露。

瞄上一眼后，闭上眼睛，即是一种“我相信你，不怀疑你”的身体语言。

闭上眼睛后，再睁眼望一望，如此不断反复，就是尊敬与信赖的表现。

首次见面时，先移开视线者，其性格较为主动。

当你注意某个人只向一位异性看了一眼，就故意收回了视线，而不再看，这是一种自控行为。

当视线接触时，先移开目光的人，就是胜利者，相反，因对方移开视线而可能引起某种想法，是不是对方嫌弃自己，或者与自己谈不来。

眼睛上扬，是假装无辜的表情。这种动作是作证自己确实无罪似的。目光炯炯望人时，上睫毛极力往上压，几乎与下垂的尾毛重合，造成一种令人难忘的表情，传达出某种惊怒的心绪，斜眼瞟人则是偷偷地看人一眼又不愿被发觉的动作，传达的是羞怯腼腆的信息，这种动作等于是在说："我太害怕，不敢正视你，但又忍不住地想看你。"

眼睛表面的闪亮，是因情绪激动促使泪腺分泌，产生润泽之故，但感受又未强到足以落泪的地步，这种现象常可从情侣、影迷、球迷、骄傲欣慰的父母亲以及获胜的运动员脸上看到；但也可能是表示哭泣以外的任何强烈的情绪激动，如厌烦、沮丧及生离死别等悲痛。

眨眼的变型包括连眨、超眨、睫毛振动、挤眼睛等。连眨发生于快要哭的时候，代表一种极力抑制的心情。超眨的动作单纯而夸张，眨的速度较慢，幅度却较大，眨的人好像在说："我不敢相信我的眼睛，所以大大地眨一下以擦亮它们，确定我所看到的是事实。"睫毛振动时，眼睛和连眨一样迅速开闭，是种卖弄花哨的夸张动作，好像在说："你可不能欺骗小小的我哦？"

挤眼睛是用一只眼睛使眼色表示两人间某种默契，它所传达的信息是："你和我此刻所拥有的秘密，任何其他人无从得知。"以社交场合中，两个朋友间挤眼睛，是表示他们对某项主题有共通的感受或看法，比场中其他人都接近。两个陌生人间若挤眼睛，则无论性别为何，都有强烈的挑逗意味。由于挤眼睛意含两人间存有不足为外人道的默契，自然会使第三者产生被疏远的感觉。因此，不管是偷偷或公然的，这种举动都被一些重礼貌的人视为失态。

眼珠转动迟缓。身体五官感觉迟钝，感情起伏少的性格，不受他人影响，对自己的生活方式没有协调。

目光闪烁不定的人。缺少对事情深思的能力，浮躁的冲动派，不被信任，有撒谎的倾向。

目光着点不定的人。精神存在不安定的状态，在内心深处有怨怒之气，心情不稳定且焦躁不安。

忙着眨眼。感受性强人一倍，神经质的个性。经常焦虑，精神过度疲劳，身体状况不佳。这种人头脑清晰有能力，但黏着力及忍耐力不足。

眼睛往上吊。心里藏着不可告人的秘密，性格消极，不敢正视对方。

眼睛往下垂。有轻蔑对方之意，要不然就是不关心对方的情形。个性冷森，本质上只为自己设想，是任性的人。

眼珠转动快速。第六感官敏锐，直觉快速能看穿人心；反之，容易受人影响，这种人特立独行，属情绪化的性格。

眼球向左上方运动，回忆以前见过的事物；眼球向右上方运动，想象以前见过的事物；眼球向左下方运动，心灵自言自语；眼球向右下方运动，感觉自己的身体；眼球左或右平视，弄懂听到语言的意义；正视，代表庄重；斜视，代表轻蔑；仰视，代表思索；俯视，代表羞涩；闭目，思考或不耐烦；目光游离，代表焦急或不感兴趣；瞳孔放大，兴奋、积极；瞳孔收缩，生气、消极。

（4）从口、鼻、下巴了解人

一个人的嘴部动作能够鲜明表现内心的波动。

把嘴抿成“一”字形。是个坚强的人，他一定能完成任务；张开嘴而合不上，是个意志不坚定的人；注意听说话时，嘴唇两端会呈现稍稍拉向后方的状态；人的嘴唇往前空噘的时候，可是一种防卫心理的表示；下巴抬高，十分骄傲，优越感，自尊心强，望向你时，常带否定性的眼光或敌意；下巴缩起，此人仔细，疑心病很重，容易封闭自己，不易相信他人。

口齿伶俐，吐词清晰固然是辩才；口齿不清，说话迟钝，但意气坚定，见识不凡为天下大才；嘴角上翘，这种人豁达、随和，比较好说话，易于说服；嘴角下撇，这种人性格固执、刻板，不爱说话，很难说服；唇角后缩，对方正在倾听你的说话，而且感兴趣；说话或听话时咬嘴唇，对方在自我谴责，自我解嘲，甚至自我反省；说话时以手掩口，说明对方存有戒心，或者在自我掩饰。

时常舔嘴唇的人，内心压抑着因兴奋或紧张所造成的波动。说谎时，常口干舌燥地喝水或舔嘴唇；打呵欠是想暂时逃避下意识的欲求表现；清嗓门的动作且声音变调之人，是对自己的话没有把握，具有杞人忧天的倾向，男性常见咬住烟头，用唾液加以润湿的动作，为不成熟的幼儿心理；当人的嘴唇往前突噘，可能是一种防卫心理的表示。

从现代角度来说，在谈话中对方的鼻子稍微胀大时，多半表示对你有所得意或不满，或情感有所抑制。

鼻头冒出汗珠时，应该说就是对方心理焦躁或紧张的表征。如果对方是重要的交易对手时，必然是急于达成协议。鼻子的颜色。如整个泛白，就显示对方的心情一定畏缩不前。

鼻子的形状像鹰嘴，尖向下垂成钩状，阴险凶暴，鹰鼻而眼深者生性贪婪，不知足；鼻孔朝着对方，藐视对方，瞧不起人。

鼻子坚挺，指人性格坚强，固执己见；摸着鼻子沉思，说明对方内心斗争激烈，处于犹豫不决境地。

听你说话时摸鼻子，说明对方不相信你的话，他在考虑如何对付你。

鼻子的表情当然不如眼睛或嘴丰富，但也能提供观者若干信息：皱鼻子表示厌恶；歪鼻子表示不信；鼻子抖动是紧张；抽搐鼻子一定是闻到怪味；鼻孔箕张代表发怒或恐惧；哼鼻子有排斥的意味；嗅鼻子是任何气味都有的反应。

想骗人的时候，会不经意地用手抚摩鼻子；思考难题或极度疲乏的时候，会用手捏鼻梁；厌倦或挫折的时候，则常用手指挖鼻孔。这些触摸自己鼻子的动作，都可视为自我安慰的信号。

如果有人问我们一件难以答复的问题，但我们为了掩饰内心的混乱，而勉强找出一个答案应付时，手会很自然地挪到鼻子上，摩它、揉它、捏它，甚至压挤它，好似内心的冲突会给精巧的鼻子造成压力，而产生一种几乎不为人所知觉的瘙痒感，以至于我们的手仍不得不赶来救援，千方百计地抚慰它，想要使它平静下来。这种情形见诸不惯于撒谎的人，在他不得不隐瞒真相时最为明显，当然有经验的人很快可从鼻子上看出别人的隐情。

考虑难题时会捏一捏鼻梁，这个动作可能也是基于相同的理由，鼻梁下的鼻窦部位由于紧张则产生轻微的痛感，用手指捏一捏鼻梁可以减轻疼痛，或至少是对疼痛的一种反应。

下巴抬高，此人十分骄傲，优越感、自尊心强，望向你时，常带否定性的眼光或敌意。

下巴缩起，此人仔细，疑心病很重，容易封闭自己，不易相信他人。

处于极度疲乏的状态，一般人更会做出“伸长下颚”的动作。

“突出下颚”一般而言，不论男女，均属具有攻击性的行为，可视为一种想表示“扑向前去狠揍”的意图的动作。

不少人在发怒时，经常将下颚伸向前方，这也可以视为想将其愤怒情感扔向对方的一种攻击欲求的表现。

下颚突出不明显的男性，是欠缺自我主张之人。

胡子也是使下颚更加突出，以表现自我主张的象征。蓄留胡须的人，多半属于懦弱、缺乏个性的人。

7. 透过笔迹视人心里

笔迹作为人们传达思想感情，进行思维沟通的一种手段，也是人体信息的一种载体，是大脑中潜意识的自然流露。

自20世纪70年代以后，笔迹分析技术在德、法、英、美、日、以色列、澳大利亚、前苏联等国家广泛地应用于人才招聘领域。如在以色列，由于立国之初其国民来自多个不同的民族，没有共通的语言，要判断一个人，唯有分析笔迹。因此，即使是现在，无论是行政管理人员还是普通工人，应聘时仍需经过笔迹分析这一关。在日本，一些公司在进行人才招聘时，都要将候选人亲手所写的笔迹送到字相公司，经字相公司写出鉴定意见后，才能以此为据，决定是否录用。在法国，60%以上的择业者在应聘时都要进行笔迹分析。在我国，随着各种科学技术手段的不断发展和完善，笔迹分析技术在人才招聘中也崭露头角。

美国微软集团以开发电脑软件知名世界，但该公司招收职员时，却有一项硬性规定：必须抄一份10万字以上的产品质量推介手册，从这个规定上败下阵的优秀人才不计其数，并不是这些应试精英不会抄写，而是这些电脑高手，不知该公司的真实意图，10万字抄下来，他的性格已被微软公司的心理学家参透了大半。

正如掌纹可以反映出人体生命的信息，笔迹作为人们传达思想感情，进行思维沟通的一种手段，也是人体信息的一种载体，是大脑中潜意识的自然流露。宏观上讲，人作为社会化的高级动物，在认识世界、改造世界的过程中，不但能感知事物，而且能把感知的事物记下来，经过大脑复杂的思维活动，形成各不相同的世界观和个性特征，进入潜意识，在一定的条件下，通过一定的形式表现出来。文字，是其中表现形式的一种。具体地说，笔迹与遗传有关。研究中发现，直系亲属之间，尽管字体的大小、力度、肥瘦等具体特征不尽相同，但有些笔迹的神韵、构架、运势等方面却有着惊人的相似，说明笔迹像人的禀性、健康等一样有遗传性。笔迹还与人的生活经历、生活背景、所受教育的程度、与人交往的密切程度、所从事的社会活动等有密切的关系。如一个从小就拥有充裕生活条件人的字，与从小在艰苦环境下长大人的字，其字体在字态、字势、风格等很多方面存在着差异。人的字是经常变化的，不同时期的字，特征不一样。一般来讲，学生时代的字体，由于没有彻底定型，笔画稚嫩、拘谨；中年时期的字，笔画熟练、流畅、个性突出；老年时候的字，笔画特重、笔锋老辣、略显僵硬。

不同心境的字，笔迹也不一致。但在长时期内，字体的主要特征，如运笔方式、习惯动作、字体开阖是不变的。只是近期的字更能反映出最近的思想、感情、情绪变化、心理特点等。笔迹可以反映一个人的性格、能力、品质特征等内容，是客观现象，也是被许多事实所证明的。

根据客户的需求不同而内容各异，针对企事业单位，分析的内容与人才测评的内容相似，主要按照职位要求的内容进行评价。如某单位需招聘一位有宏观把握能力、有魄力、有开创能力的人做某部门的负责人，笔迹分析将针对上述要求做出鉴定，并根据其他素质，做出候选人是否符合此职位的建议。与其他测试手段相比，笔迹分析更能准确地测试出应聘者的自然属性和隐性属性。针对个人，如没有特殊要求，笔迹分析则是一种综合性的评价，包括性格、能力、品质、人生观、人际关系、感情、情绪、主要优缺点等。

笔迹分析的方法很多，由笔迹了解人的性格，可以从三个方面来观察，即笔压、字体大小、字形这三个要点来研究分析这个问题。

（1）笔迹特征为字体较大，笔压无力，字形弯曲；不受格线限制，具有个性风格，容易变成草书；有向右上扬的倾向，有时也会向右下降，字体稍潦草。

性格：平易近人，好相处，善于社交活动，为体贴、亲切类型的人。气质方面具有强烈的躁郁质倾向。

这类人性格趋于外向，待人热情，兴趣广泛，思维开阔，做事有大刀阔斧之风，但多有不拘小节，缺乏耐心，不够精益求精等不足。

（2）笔迹特征为字形方正，一笔一画型，笔压有力，笔画分明，字字独立，字的大小与间隔不整齐，具有自己风格，但笔迹并不潦草。字的大小虽有不同，但一般言之，显得较小。

性格：不善交际，属理智型。处事认真，但稍欠热情。对于有关自己的事很敏感，害羞、对他人却不甚关心，感觉较迟钝。气质方面具有分裂质倾向。

书写者有较强的逻辑思维能力，性格笃实，思虑周全，办事认真谨慎，责任心强，但容易循规蹈矩。结构松散，书写者形象思维能力较强，思维有广度。为人热情大方，心直口快，心胸宽阔，不斤斤计较，并能宽容他人的过失，但往往不拘小节。

（3）笔迹特征为字形方正，一笔一画型，但与上述类型不同，为有规则的平凡型，无自己风格，字迹独立工整，字形一贯笔压很有力。

性格：凡事拘泥慎重。做事有板有眼，中规中矩，但稍嫌缓慢。意志坚强，热衷事务。说话絮絮叨叨，不懂幽默。有时会激动而采取强烈行动。气质方面具有癫痫质倾向。

这类人精力比较充沛，为人有主见，个性刚强，做事果断，有毅力，有开拓能力，但主观性强，固执。笔压轻，书写者缺乏自信、意志薄弱，有依赖性，遇到困难容易退缩。笔压轻重不一，书写者想象思维能力较强，但情绪不稳定，做事犹豫不决。

（4）笔迹特征为字形方正，稍小、有独特风格。尤以萎缩或扁平字形为多。字迹大多各自独立，无草书，笔压强劲。字的角度不固定，但字体并不潦草。

性格：气量较小，对事务缺乏自信，不果断，极度介意别人的言语与态度。简言之，属于神经质性格的人。

这类人有把握事务全局的能力，能统筹安排，并为人和善、谦虚，能注意倾听他人意见，体察他人长处。右边空白大，书写者凭直觉办事，不喜欢推理，性格比较固执，做事易走极端。

（5）笔迹特征为每次书写，字体大小与空间大小无关；字形稍圆弯曲，有时呈直线形；有时字形具有自己风格，有时则工整而有规则；大小、形状、角度、笔压均不固定，潦草为其显著特征。

性格：虚荣心强，重视外表，经常希望以自己话题为中心，因此话太多。不能谅解对方立场，缺乏同情心与合作精神。由于以自我为中心，因此容易受煽动，亦容易受影响。

这类人看问题非常实际，有消极心理，遇到问题看阴暗面、消极面太多，容易悲观失望，字行忽高忽低，情绪不稳定，常常随着生活中的高兴事或烦恼事而兴奋或悲伤，心理调控能力较弱。

8. 通过握手的方式知内心

通过握手这个简单的动作，把心中所想表现的涵义显露出来，可谓千言万语，只在一握中。握手这个动作，可以算得上世界上通行的礼节了。

握手的动作是从原始人的双手举起的姿势上得来的，原来的意思是指没有敌意，两手空空之意。后来在古罗马曾有碰胸的姿势表示问候。在罗马帝国时代，人们并不握手，而是彼此抓着前臂，而在现代，握手的含义是欢迎。美国心理学家伊莲·嘉兰在一本书中指出，一个人与人握手时所采用的方式，很容易反映出他的个性。

这是比较容易理解的常识：

使劲握手的人，通常表示他的主动性很强，而且充满了信心。反之，不大用劲儿握手的人，当然表示其有气无力，或性格脆弱。在舞会或公共场合里，不断地前去和陌生人握手，表示这个人富有社交性和自我显示欲。

握手的这种礼节虽然很简单，但在不同场合下，握手给他人留下的印象是不同的。

丘吉尔在《第二次世界大战回忆录》中记载了这样一件事：

德国入侵苏联后不久，苏联外长莫洛托夫秘密访问伦敦，与丘吉尔商谈反法西斯的大计。丘吉尔一贯对莫洛托夫素无好感，说他是个“灰色、冷酷的人”。在一次长谈后的深夜，丘吉尔送别莫洛托夫，在唐宁街7号握手告别后，莫洛托夫突然靠近他，紧紧握住他的右手臂，双目久久注视着他，一言不发。这一举动使丘吉尔这位老政治家大为感动，他感受到了莫洛托夫用握手的暗示无声地告诉他：世界反法西斯战争的胜败，现在取决于苏、英两国的合作。

政治家可以通过握手这个简单的动作，把心中所想表现的涵义显露出来，可谓千言万语，只在一握中。

具体地说，利用握手的方式，可以了解对方那种微妙的心理活动。

最具代表性的一种现象，就是透过手的温度状况来判断。原来在人类的身体中，当发生恐怖或惊吓的感情变化时，跟自己无关的自律神经意识，它会突然活动起来，并引起呼吸的紧张、血压与脉搏的变化，或是汗腺的兴奋等状况。倘若跟对方握手，而发现对方的手掌出汗时，这就表示对方的情绪高涨，也可以说是失去心理平衡的象征。

通过握手，可以了解人的心理状态，这是众所周知的。如果一面同对方握手，一面用眼睛注视着对方面孔的人，在心理上有着较强的优势，是一种不大容易妥协的人。

女性若一边握手，一边注视，是她有意引起对方注意，以获取对方对自己的好感。

握手时，软弱无力，表现出完全被动的姿态的人，缺乏坚强的个性，遇事可能优柔寡断。

绵软地和别人握手，则表现为一种标准的中国风格——后发制人，遇事让三分。

过分殷勤地同对方握手，则表示个人目的性可能很强，会奉承巴结人。如果用卑谦的神情一再同对方握手，表明这个人怀有某种目的，因为握手不过是一种礼节性接触，过分看重这种接触，可能是有弦外之音了。

用右手拉住对方的一只手，再把左手握在上面，用这种方式，可以表达信任和亲密的感情。

用力握手是一种显示力量的表现。见面时用力握住对方手的人，一般主动性较强，性格外向，爽快，办事讲究效率，但有时容易急躁。

同他握手时也会不知不觉地加了把力气。这种主动的力量，表明你同对方的相识，感到很兴奋，希望能继续同他交往。所以，从对方握手的力量感上，也能表明交往的诚意和信任的程度。

握手时，手心出汗的人，大多数属神经类型，这部分人情绪容易激动，内心不易平衡，比较敏感。

如果在和对方握手时发现对方的手心有汗，表明对方的情绪高涨，也可以说是内心失去平稳的象征。

有些女性看起来冷若冰霜，但有位男性在握她的手时，发现她的手心在出汗，这表明握住她手的男性引起了她的某种兴奋。

握手虽然是个简单的动作，但在握手的一瞬间，识人高手能从这个平常的姿势中，看出对方是具有什么性格的人。

无精打采的人握手时的手指头软弱无力，手也握得不紧，常是悲观、犹豫不决而看问题不太确切的人。

大力士的人出手猛烈，握时用劲，活像一把虎钳，非等对方有畏缩或表示激动之意时，才肯罢手，这往往是一种喜欢以体力标榜自己的人。

踌躇的人无法决定自己要不要跟人家握手。当对方断定他不会握手，而把手缩进口袋里时，他又突然把手伸出来，这是一种凡事都可能踌躇不定，缺乏判断力的人。

保守的人握手时，手臂不但伸长，肘的弯度呈直角，手背贴近身子充分显示出谨慎与保守的个性。

强迫的人从来不放过与人握手的机会。不论何时何地，总不断地先伸出手来与对方握手。此一强迫性的握手动作，正反应内心的不安与自卑。

敷衍的人视握手为应付公事。握手仅把手指头伸向别人，毫无诚意可言。这是一种做事草率的人。

粗犷的人握手时的动作比较粗犷，而且对所握的手还不停地摇晃，这是一种意志坚定，秉性刚强的人。

握手时，紧抓对方手掌，大力挤握，令对方痛楚难忍的人，精力充沛，自信心强，为人则偏于独断专行，但组织力及领导才能都很突出。

握手时力度适可，动作稳重，双目注视对方的人个性坚毅坦率，有责任感而且可靠、思想缜密、善于推理，经常能为人提供建设性的意见。每当困难出现时，总是能迅速地提出可行的应付方法，很得他人的信赖。

握手时只轻柔地触握的人随和豁达，绝不偏执，颇有游戏人间的洒脱，谦和从众。

握手时习惯双手握住对方的手的人热诚温厚，心地善良，对人能推心置腹，喜怒形色而爱憎分明。

握手时握持对方久久不放的人情感丰富，性喜结交朋友，一旦建立友谊，则忠诚不渝。

握手时只用手指抓握住对方而掌心不与对方接触的人个性平和而敏感，情绪易激动，不过，心地善良而富有同情心。

握手时紧抓对方，不断上下摇动的人极度乐观，对人生充满希望。他们以积极热诚而成为人们爱戴倾慕的对象。

有些人从不愿意与人握手，他们个性内向羞怯，保守但却真挚。

第四章

从人衣着打扮看透人心

1. 以衣识人，人靠衣装马靠鞍

“衣服是文化的表征，衣服是思想的形象。”这是大文豪郭沫若说过的话，意思是说人可以通过衣着打扮来向外界展示自己。

从一个人的衣着上，可以看出一个人很多的东西，尤其在生产力和生活水平迅速提高的今天，它更能体现一个人的心理状况审美观点，从而体现一个人的性格。

（1）喜欢穿简单朴素衣服的人，性格比较沉着、稳重，为人较真诚和热情。这种人在工作、学习和生活当中，对任何一件事情都比较踏实、肯干，勤奋好学，而且还能够做到客观和理智。但是如果过分地朴素就不太好了，这种情况表明人缺乏主体意识，软弱而易屈服于别人。

（2）喜欢穿单一色调服装的人，多是比较正直、刚强的，理性思维要优于感性思维。

（3）喜欢穿浅色衣服的人，多比较活泼、健谈，且喜欢结交朋友。

（4）喜欢穿深色衣服的人，性格比较稳重，显得城府很深，不太爱多说话，凡事深谋远虑，常会有一些意外之举，让人捉摸不定。

（5）喜欢穿式样繁杂、五颜六色、花里胡哨衣服的人，多是虚荣心比较强，爱表现自己而又乐于炫耀的人，他们任性甚至还有些飞扬跋扈。

（6）喜欢穿过于华丽的衣服的人，也是有很强的虚荣心和自我显示欲、金钱欲的。

（7）喜欢穿流行时装的人，最大的特点就是没有自己的主见，没有自己的审美观，他们多情绪不稳定，且无法安分守己。

（8）喜欢根据自己的嗜好选择服装而不跟着流行走的人，多是独立性比较强，有果断的决策力的人。

（9）喜爱穿同一款式衣服的人，性格大多比较直率和爽朗，他们有很强的自信，爱憎、是非、对错往往都分得很明确。他们的优点是做事不会犹豫不决，而是显得非常干脆利落。言必行，行必果。但他们也有缺点，那就是清高自傲，自我意识比较浓，常常自以为是。

（10）喜欢穿短袖衬衫的人，他们的性格是放荡不羁的，但为人却十分随和亲切，他们很热衷于享受，凡事率性而为，不墨守成规，喜欢有所创新和突破。自主意识比较强，常常是以个人的好恶来评定一切。他们虽然看起来有点吊儿郎当，但实际上他们的心思还是比较缜密的，而且什么时候都知道自己是做什么的，所以他们能够三思而后行，小心谨慎，不至于因为任性妄为，而做出错事来。

（11）喜欢穿长袖衣服的人，大多比较传统和保守，为人处世都爱循规蹈矩，而不敢有所创新和突破。他们的冒险意识比较缺乏，但他们又喜爱争名逐利，自己的人生理想定得也很高。这样的人最大的优点就是适应能力比较强，这得益于循规蹈矩的为人处世原则。把他们任意放在哪一个地方，他们很快就会融入其中，所以通常会营造出比较好的人际关系。他们很重视自己在他人心目中的形象，希望得到注意、尊重和赞赏，从而在衣着打扮、言谈举止等各个方面都总是严格地要求自己。

（12）喜爱宽松自然的打扮，不讲究剪裁合身、款式入时的衣着的人，多是内向型的。他们常常以自我为中心，而融不到其他人的生活圈子里。他们有时候很孤独，也想和别人交往，但在与人交往中，又总会出现许多的不如意，所以到最后还是以失败而告终。他们多是没有朋友，可一旦有，就会是非常要好的，他们的性格中害羞、胆怯的成分比较多，不容易接近别人，也不易被人接近。他们对团体的活动一般来说是没有兴趣的。

（13）喜欢穿着打扮以素雅、实用为原则的人，他们多是比较朴实、大方、心地善良、思想单纯而又具有一定的宽容和忍耐力的人。他们为人十分亲切、随和，做事脚踏实地，从来不会花言巧语地去欺骗和耍弄他人。他们的思想单纯只是说凡事都往好的方面想，绝对不是对事物缺乏自己独特的见解。他们具有很好的洞察力，总是能把握住事情的实质，而作出最妥善的决定和方案。

（14）喜欢色彩鲜明、缤纷亮丽的服装的人，他们是比较活泼、开朗的，单纯而善良，性格坦率又豁达，对生活的态度也比较积极、乐观和向上。他们多也是比较聪明和智慧的，这些体现在外的就是有较强的幽默感。同时，他们的自我表现欲望比较强，常常会制造些意外，给人带来耳目一新的感觉，以吸引他人的目光。

2. 淡妆浓抹识人心

“爱美之心，人皆有之”但一个人的容貌是天生的，怎样才能看上去更漂亮呢？这就需要化妆。而一个人化什么样的妆，往往是他性格所决定的。

（1）喜欢化流行的时髦妆的人，他们对新鲜事物的接收能力往往很快，但常缺少属于自己的独立的个性。他们缺少必要的对未来的规划，相对更热衷于今朝有酒今朝醉。他们不知道节省，自我表现欲望强烈，希望自己能够引起他人的注意，城府不是特别深。

（2）喜欢浓妆艳抹的人，自我表现欲望强烈，总是希望通过一种比较极端的方式吸引他人，尤其是异性更多关注的目光。他们的思想比较前卫和开放，对一些大胆的过激行为常持无所谓的态度。他们为人真诚、热情、坦率，虽然有时会遭到一些恶意的攻击，但仍能够尊重他人。

（3）化看起来非常自然的妆，这一类型的人，他们多是比较传统和保守的，思想有些单纯，富有同情心和正义感。但不够坚强，在挫折和打击面前常会显得比较软弱。为人很真诚，从来不会怀疑他人有什么不良动机。

（4）小丑般的红脸颊，紫色的眼影，眼睛周围黑黑的，喜欢这种打扮的人，可能并不认为这是美的象征，他们很可能是在进行某种情感的宣泄。他们多具有相当强烈的叛逆心理，喜欢和一切常规的思想和行为作斗争。

（5）从很小的时候就开始化妆，并且多年来一直保持着同样的模式，这一类型的人多有一些怀旧情结，常会陷入到过去的某种回忆当中，享受往昔的种种，但也能很快地走出来。他们比较实际，能够尽最大努力把握住目前所拥有的一切。他们为人真诚、热情，所以人际关系不错，有很多志同道合的朋友。他们很容易获得满足，但是有一点跟不上时代的潮流。

（6）用很长的时间化妆，这一类型的人是完美主义者，凡事总是尽力追求达到尽善尽美。为了实现自己的目标，他们可能会付出昂贵的代价。他们多有很强的毅力。他们对自己的外表并没有多少的自信，所以在这方面会花费大量的时间、精力甚至是财力。但由于他们过分地加以强调外在的形象，总会给人造成一种不自然的感觉。

（7）喜欢化异国色彩比较浓重的妆的人，他们有比较丰富的想象力，身体内有很多艺术的细胞，希望自己能够成为一个艺术家。他们向往自由，渴望过一种完全的无拘无束的生活。他们常常会有许多独特的让人吃惊的想法，是个完美主义者。

（8）无论在什么时候，哪怕是出门到信箱里去拿一封信或是一份报纸也要化妆的人，他们多对自己没有自信，企图借化妆来掩饰自己在某一方面的缺陷。他们善于把真实的自己掩蔽起来。

（9）在化妆的时候特别强调某一部位的人，他们多对自己有相当清楚的认识，知道自己的优点在那里，更知道自己的缺点在那里，尤其懂得如何扬长避短。他们多对自己充满自信，相信经过努力一定能够实现自己的理想。他们很现实和实际，并不是生活在虚无缥缈的幻想中的一类人。他们在为人处世等各个方面都非常果断，并且能保持沉着、冷静的态度。

（10）喜欢化淡妆的人，他们追求的目的是看起来说得过去就可以了，并不要特别地突出自己，这一点与他们的性格很相符。他们的自我表现欲望并不是特别的强，有时甚至非常不愿意让他人注意到自己。这一类型的人有很多都是相当聪明和智慧的，也会获得一定的成就。他们拥有自己的绝对隐私，并且希望能够在这一点上得到他人的尊重和理解。

（11）从来都不化妆的人，更在乎的多是“清水出芙蓉，天然去雕饰”，他们追求的是一种自然美。这一类型的人对任何事物都不局限在表层的肤浅的认识，而是更看重实质的东西。在他们心里有非常强烈的平等观念，并且不断地追求和争取平等。

3. 从对颜色的喜欢上观察内心

生活是多姿多彩的，我们眼睛看到的一切也是五颜六色的。我们生活在一个色彩斑斓的世界中，不同的人会热衷于不同的颜色，而从对颜色的喜爱上我们也可以观察出一个人的性格和心理。

红色是一种刺激性较强烈的色彩，它意味着燃烧的愿望。喜欢红色的人多精力充沛，感情丰富，为人热情而奔放。

黄色是一种健康的色彩，意味着健康、单纯、靓丽，喜欢黄色的人大多属于乐天派，热爱生活，做事潇洒自如，精力充沛，身心健康。

绿色是一种令人感到稳重、安适的颜色，喜欢绿色的人的性情多较平静，充满了希望和乐观。而且这一类型的人，多具有积极向上的心理和青春的活力。

蓝色本身是一种容易令人产生遐想的色彩，喜欢这种颜色的人多比较严肃和深沉，平时态度比较安定，遇事能保持镇定自若。

紫色是寒色系的代表，它象征权力，是一种表现贵族意味的颜色。喜爱紫色的人多有多愁善感、焦虑不安的性格倾向。

白色是一种洁净，但足以令人产生膨胀感的颜色，它象征纯真、朴素、神圣。喜爱白颜色的人多比较单纯，但有一定的进取心。

黑色是代表死亡的色彩，比较压抑、消极，但它也显得高贵，能隐藏任何缺点。喜爱黑色的人多含有小心谨慎心理，经常会将热情压在心底。

褐色是一种安逸祥和的颜色，喜欢褐色的人多比较安静，没有太大的野心，比较满足于平平安安的没有纷争的生活。

翠绿色给人的感觉比较清爽明快，喜欢翠绿色的人也与常人有很多与众不同之处，他们属于比较高雅和清高的类型。

4. 穿不同样式的T恤，透露不同的性格

如今，T恤已经成了一种最普遍而且最受欢迎的服装，男女老少皆宜。在过去，T恤只是用来保暖和吸汗的内衣，可是现在，它已演变成了一面公众告示牌，可以任由自己在上面随便记录或宣泄各种情绪和想法。所以，选择什么样的T恤可以更直观地看出一个人具有什么样的性格。

习惯于选择没有花样的白色T恤的人，多有自己比较独立的个性，他们不会轻易地向世俗潮流低头。他们往往具有一定程度的叛逆性，但表现的形式往往不是特别的明显和恰当。

喜欢选择没有花样的彩色T恤的人，自我表现欲望并不是特别的强烈，他们甚至是可以甘于平凡和普通，做一个默默无闻的人的。他们多比较内向，不太爱张扬，而且富有同情心，在自己能力许可的条件下，会去关心和帮助他人。

喜欢在T恤上印上自己名字的人，思想多是比较开放和前卫的，能够很轻松地接受一些新鲜的事物，他们对一些陈旧迂腐的老观念多是持一种相当排斥的态度，他们的性格比较外向，喜爱结交朋友，为人比较真诚和热情，所以通常会有比较不错的人际关系。他们的自信心还是很强的，有一定的随机应变能力，在不同的情况下能够及时地做出应对策略。

喜欢穿印有各种明星的画像及与之有关的东西的人，多是追星族，他们对那些人有无限的崇拜，并且希望自己有朝一日能像他们一样。他们很

乐于向别人表达自己的这种心理。

喜欢在T恤衫上印有一段幽默标语的人，多具有一定的幽默感，而且很聪明和智慧。另外，他们也是具有很强的表现欲望的，希望自己能够吸引别人的注意。

喜欢穿印有学校名称或大企业的标志装饰的T恤，这一类型的人多比较希望他人知道自己的身份，并且对自己所在的单位和企业具有一定的感情。他们希望能够以此为载体，吸引一些志同道合的人。

喜欢穿有著名景点的风景的T恤，这一类型的人对旅游总是情有独钟的。他们的性格多是外向型的，对新鲜事物的接收能力很强，而且具有一定的冒险精神。自我表现欲很强，希望把自己所知道的一切都传达给他人。

5. 看人领带透视内心

西服，自诞生那日起就成为男人服饰中的佼佼者，而且这个地位一直到今天也没有动摇。正式的西装有单排扣和双排扣区分，每一个男人都可以依据自己的喜好进行选择，而且不用花太多的精力。但是有一件辅助饰物却让男人大伤脑筋，那就是领带的打法和色彩的搭配。领带的作用类似于女士们的丝巾作用，但男人的行事原则和人品秉性却可见完完全全地展现在领带打法与颜色的搭配上。若仔细观察周围的男人，便不难发现他们“本色”的蛛丝马迹！

领带结又小又紧的人。如果有这种喜好的男人身材瘦小枯干，则说明他们是有意凭借小而紧的领带结，让自己在他人匆忙的——瞥时显得“高大”一些。如果他们并无体形之忧，则说明是在暗示他人最好别惹他们，他们不会容忍别人对自己有半点的轻视和怠慢。这是气量狭小的表现，由于生活和工作中谨言慎行，疑心甚重，他们养成了孤僻的性格。他们凡事大多先想自己，热衷于物质享受，对金钱很吝啬，一毛不拔，结果几乎没有什么人愿意和他们交朋友，他们也乐于一个人守着自己的阵地，孤军奋战。

领带结不大不小的人。先不考虑领带的色彩和样式，也不管长相和体形如何，男人配上这种领带结，大都会容光焕发，精神抖擞。他们可以获得了心理上的鼓舞，会在交往过程中注重自己的言谈举止，所以不管本性如何，都显得彬彬有礼，不轻举妄动。由于认识到领带的作用，他们在打领带结的时候常常一丝不苟，把领带打得恰到好处，给人以美感。他们安分守己，把大部分的精力放到工作当中，勤奋上进。

领带结既大又松的人。领带的作用是使男人更加温文尔雅，但打这种领带结的男人所展现的风度翩翩绝不是矫揉造作出来的，而是货真价实，是他们丰富的感情所展露出的风采；不喜欢拘束，积极拓展自己的生活空间，主动与他人交往，练就高超的交往艺术，在社交场合深得女人的欢心和青睐。

领带绿色、衬衫黄色的人。绿色象征生命和活力，是点缀大自然的最美妙的色彩；金色代表收获和金钱，是财富与权势的徽章。这样搭配领带和衬衫的男人富有青春活力与朝气，想什么就做什么，不喜欢拖泥带水，对事业充满信心，不过有时鲁莽冲动，自控能力较差。

领带深蓝色、衬衫白色的人。“蓝领”代表职工阶层，“白领”代表管理阶层，他们将两者融合到一起，上下兼顾，少年老成，同时不乏风度翩翩；由于视野宽阔，白领的诱惑远远超过蓝领，所以他们对工资特别专注，事业心极重，结果在奋斗过程中常常出现急功近利的表现。

领带多色、衬衫浅蓝色的人。五彩缤纷是人们对美好事物的形容，充满了迷离和诱惑，普通人和勤奋的人往往对此敬而远之，所以选择这种领带和衬衫的人拥有一股市井脾气，热衷于名利；路边的野花繁多美丽，常常使他们心猿意马，见异思迁的他们对爱情往往不能专心致志，追逐的目标总是换了一个又一个。

领带黑色、衬衫白色的人，黑白分明是对阅历丰富之人的形容，所以喜欢这种打扮的人多为稳健老成之士。由于看得多，感悟也多，他们懂得什么是人生的追求；善于明辨是非，相信“善有善报、恶有恶报”，正义在他们身上得到了最大的展现。

领带黑色、衬衫灰色的人。不用看他们的表情如何，仅这身打扮就让人有种不舒服的感觉。他们在穿着之时必先照镜子，能够接受镜中的压抑则说明他们有很深的忧郁，而这份忧郁是气量狭小所致，他们选择这身打扮，正是为了掩饰这个缺点。在工作当中，老板考虑到其他员工的情绪，常常请他们卷铺盖回家，所以他们经常变换工作。

领带红色、衬衫白色的人。红色象征火焰，代表奔放的热情，更是一种积极和主动的表现，所以男人选择红色领带，无异于想追逐太阳的光辉，以使自己成为关注的焦点。他们本应该属于充满野心的类型，但白色代表纯洁，是和平与祥和的象征，白色衬衫让别人对他们刮目相看，见到他们如火一样的热情和纯洁的心灵。

领带黄色、衬衫绿色的人。用辛勤的耕耘换取丰硬的收获，按照理想设计生活和人生，并勇于实施，他们流露出的是诗人或艺术家的气质。他们相信付出就会有回报，所以不会杞人忧天地担心秋后因为意外的暴风雨而颗粒无收；与世无争，保持柔顺的性情，对人非常和蔼可亲。

不会系领带的人。连系领带这种小事都要人代劳的人，大都心胸豁达而不拘小节。他们或是有某种常人没有的绝技在身，或是先天具有领袖才能，使他们不屑将精力消耗在系领带这样的细节问题上。他们性情随和，有同情心，朋友甚多，口碑亦好，且夫妻情笃、家庭和睦。

6. 从所用的提包样式来看透人心

提包是人们在工作、学习和生活当中非常重要的一件物品，很多时候它几乎与人形影不离，人走到哪里，它们也随之被带到哪里。正是因为提包具有如此非同寻常的作用，所以，它们在一定程度上可以向外界传达一定的信息，让外界通过提包来认识提包的主人。

提包的样式是多种多样的，人们可以根据自己的喜好进行选择。一般来说，选择的提包比较大众化的人，他们的性格也比较大众化，或者是说没有什么特别鲜明的、属于自己的个性。他们在很多时候都是随大流，大家都这样选择，所以我也这样选择，没有自己的主见，目光和思想比较平庸和狭窄。人生中多少有收获，而无大的成就和发展。

选择的提包特别有特点，甚至是达到那种让人看一眼就难以忘却的程度的人，其性格可能要分两种不同的情况来分析：一种是他们的个性的确特别强，特别突出，对任何事物都能从自己独特的思维、视觉等各方面出发，从而做出选择。这一类型的人有很多具有艺术细胞，他们喜欢我行我素，不被人限制，而且他们标新立异，敢冒风险，具有一定的胆识和魄力。如果不出现什么意外，自己又肯努力，将会在某一领域做出一定的成绩。另外还有一种人，他们并不是真正地有什么个性，也没有什么审美眼光，不过是为了要显示自己的与众不同，故意做出一些与其他人迥然有异的选择，以吸引更多的目光罢了。这一类型的人自我表现欲望及虚荣心都比较强。

选择的提包多是休闲式的人，可以看出他们的工作有很大的伸缩性，自由活动的空间比较大。正是由于这样的条件，再加上先天的性格，这类人大多很会懂得享受生活。他们对生活的态度比较随便，不会过分苛刻地要求自己。他们比较积极和乐观，也有一定程度的进取心，能很好地安排工作、学习和生活，做到劳逸结合，在比较轻松惬意的氛围里把属于自己的事情做好，并取得一定的成就。

选择的提包多是公文包，这也从一个侧面说明了提包主人工作的性质。他们可能是某个企事业单位的老总，如果是普通职员，也是比较正规单位的。选择公文包可能是出于工作的一种需要，但在其中多少也能透出一些性格的特征。这样的人大多办事较小心和谨慎，他们不一定非得要不苟言笑，即使是有说有笑，对人也会相当严厉。当然，他们对自己的要求往往更高。

有小把手的方形或长方形的手提包，在有些时候可以当成是一件配饰。这种手提包外形和体积都相对比较小，所以使用起来并不是特别的方便。喜爱这一款式手提包的人，多是没有经历过什么磨难的人。他们比较脆弱和不堪一击，遇到挫折，容易妥协和退让。

喜欢中型肩带式手提包的人，在性格上相对比较独立，但在言行举止等各个方面却是相对较传统和保守的。他们有一定相对自由的空间，但不是特别的大，交际圈子比较狭窄，朋友也不是很多。

非常小巧精致，但不实用，装不了什么东西的手提包，一般来说，应该是年纪比较轻，涉世也不深，比较单纯的女孩子的最好选择。但如果已经过了这样的年纪，步入成年，非常成熟了，还热衷于这样的选择，说明这个人对生活的态度是非常积极而又乐观的，对未来充满了美好的期待。

比较喜欢具有浓郁的民族风味、地方特色的小提包的人，自主意识比较强，是个个人主义者。他们个性突出，往往有着与他人截然不同的衣着打扮，思维方式等等。有些时候显得与他人格格不入，所以说，营造出比较好的人际关系存在着一定的困难。

喜欢超大型手提包的人，性格多是那种自由自在、无拘无束的，他们很容易与他人建立某种特别的关系，但是关系一旦建立以后，也会很容易就破裂，这也是由于他们的性格所决定的，因为他们的生活态度太散漫，缺乏必要的责任感。虽然他们自己感觉无所谓，但却并不是其他所有人都能容忍和接受的。

把手提包当成购物袋的人，多是希望寻找捷径，在最短的时间内以最少的精力把事情办成的人。他们很讲究做事的效率，但做起事来又比较杂乱无章，没有一定的规则，很多时候并不能如愿以偿。他们的性格多比较随和和亲切，有很好的耐性，满足于自给自足。在他们的性格中感性的成分要比理性成分多一些，做事有些喜欢意气用事。独立能力比较强，不太习惯于依赖别人。

一个手提包，但有很多的口袋，可以把各种东西放到该放的适合位置。选择这样的手提包的人，说明他们的生活是十分有规律性的，而且能在大多数的时候保持头脑的清醒，不会轻易做出糊涂的事情。

喜欢金属制手提包的人，多是比较敏感的，能够很快跟上流行的脚步，他们对新鲜事物的接收能力是很强的。但是这一类型的人，在很多时候自己并不肯轻易地就付出，而总是希望别人能够付出。

喜欢中性色系手提包的人，其表现欲望并不是很强烈，他们不希望被人注意，目的是减少压力。他们凡事多持得过且过的态度，比较懒散。在对待他人方面，也喜欢保持相对中立的立场。

不习惯于带手提包的人，其性格要分几种情况来说，有可能是因为他们比较懒惰，觉得带一个包是一种负担，太麻烦了。还有一种可能是他们的自主意识比较强，希望独立，而手提包会在无形当中造成一些障碍。两种情况都是把手提包当成是一种负担，可以显示出这种人的责任心并不是特别的强，他们不希望对任何人任何事负责任。

喜欢男性化皮包的人（这里理所当然是针对女性而言，因为男性本应该选择男性化皮包），一般来说都是比较坚强、剽悍、能干的，并且趋于外向化的。

提包里的东西摆放得乱七八糟，没有一点规则，要找一件东西，需要把提包内的所有东西全部倒出来，这样的人可以看出他们的生活是杂乱无章的，奉行的是“无所谓”的随便态度。这一类型的人做事多比较含糊，目的性不明确，但对人通常都较热情和亲切。可是由于他们的生活态度有些过分随便和无所谓，所以常常会导致使自己陷入到比较难堪的境地。和这一类型的人相识、相交都比较容易，但是分开也不难。

提包内的各种东西摆放得层次分明，想要什么伸手就可以拿到，这说明提包的主人是一个很有原则性的人，他们多有很强的进取心，办事认真可靠，待人也较有礼貌。一般来说，这一类型的人有很强的自信心，且组织能力突出。但缺点是他们大多比较严肃、呆板，会过多地拘泥于生活中的某些细节。

7. 从所穿的鞋子观察人

鞋子，并不是像我们所想象的那样，单纯地起到保护脚的作用，这只是一方面。在观察他人鞋子的时候，我们除了注意其美观大方外，还可以通过它对一个人进行性格的观察。

始终穿着自己最喜爱的一款鞋子，这一双穿坏了，会再去买另外一双，这样的人思想多是相当独立的。他们知道自己喜欢什么，不喜欢什么，他们很重视自己的感觉，而不会过多地在意他人怎样看。他们做事是比较小心和谨慎的，在经过仔细认真的思考以后，要么不做，要做就会全身心地投入，把它做得很好。他们很重视感情，对自己的亲人、朋友、爱人的感情都是相当忠诚的，不会轻易背叛。

喜欢穿没有鞋带的鞋子的人，并没有多少的特别之处，穿着打扮和思想意识都和绝大多数人差不多。但他们很传统和保守，中规中矩，追求整洁，表现欲望不强。

穿细高跟鞋，脚在一定程度上是要受些折磨的，但爱美的女性是不会在意这些的。这样的女性，表现欲望是很强的，他们希望能引起他人，尤其是异性的注意。

喜欢追着流行走，穿时髦鞋子的人，有一种观念，那就是只要是流行的，就全部是好的，但没有考虑到自身的条件是否与流行相符合，有点不切合实际。这种人做事时常缺少周全的考虑，所以会顾此失彼。他们对新鲜事物的接受能力比较强，表现欲望和虚荣心也强。

喜欢穿运动鞋说明这是一个对生活持相对积极乐观态度的人，他们为人较亲切和自然，生活规律性不强，比较随便。

喜欢穿靴子的人，自信心并不是特别强，而靴子却在一定程度上能为他们带来一些自信。另外，他们很有安全意识，懂得在适当的场合和时机将自己很好掩蔽起来。

喜欢穿拖鞋的人是轻松随意型人的最佳代表，他们只追求自己的感觉和感受，并不会为了别人而轻易地改变自己。他们很会享受生活，绝对不会苛刻自己。

热衷于远足靴的人，在工作上投入的时间和精力相对要多一些，他们有很强烈的危机感，并且时刻做好了准备，准备迎接一些可能突然发生的事情。他们有相对较强的挑战性和创新意识。敢于冒险，向自己不熟悉的未知领域挺进，并且有较强的自信，相信自己能够成功。

喜欢穿露出脚趾的鞋子，这样的人多是外向型的人，而且思想意识比较先进和前卫，浑身上下充满了朝气和自由的味道。他们很乐于与人结交，并且能做到拿得起放得下，较洒脱。

喜欢穿系鞋带的鞋子的人，性格多是比较矛盾的，他们希望能有人来安排他们的生活，但对于安排好的一切却又总想反抗。为了化解这种矛盾，他们多是在尊重他人为自己所做的安排的同时，又寻找自由的空间，以发展自己，释放自己。

8. 不同的发型表现不同的个性

在足球场上，我们时常可以看到运动员各种各样稀奇古怪的头发，并对其津津乐道。不同的发型往往表示人的不同个性，通过仔细的观察，我们就不难发现这一点。

男士不管是留长发、剃光头，或是其他各种各样比较特别的发型，其都有一个普遍的共同点，那就是标新立异，想别出心裁地突出自己，增加自身的魅力。

与男士相比，女士的发型若要研究分析起来，则显得比较复杂。

女性若留着飘逸的披肩发，则说是她比较清纯、浪漫；若留的是齐眉的短发，则显得天真活泼，无忧无虑；烫成满头卷发，代表这个人较有青春的活力，或多或少地充满些野性。

女性把头发梳得很短，并让它保持顺其自然的状态，说明这个人比较安分守己，甚至是封闭保守的；如果她把头发梳理得很整齐，但并不追求某种流行的款式，则表明这可能是比较含蓄，但有较强烈的自主意识的一个人；在自己的发型上投入很多的精力，力争达到精益求精的程度，说明这是一个自尊心比较强，追求完美，爱挑剔的人。

头发像钢丝，又粗又硬，而且还很浓密，这样的人疑心多比较重，不会轻而易举地相信别人。他们最相信的就是自己，所以凡事都要自己动手，操纵和掌握一切，才觉得放心。他们做事很有些魄力，而且组织能力也比较强，具有一定的领导才能。这一类型的人，理性的成分要大大地多于感性，所以涉及感情方面的问题时，往往会显得很笨拙。

头发很粗，但色泽淡，而且质地坚硬，很稀疏，这一类型的人自我意识极强，刚愎自用，往往听不进去别人半句话。他们不甘心被人领导，但却渴望能够驾驭别人。他们多比较自私，缺乏容人的度量，但这一类型的人一般来说，头脑还算比较聪明，可是他们的目光又比较短浅和狭窄，只专注于眼前，看不到长远的利益，所以多不会有多大的成就。

头发柔软，但却极稀疏，这一类型的人，自我表现欲望一般来说比较强，他们喜欢出风头，更爱与人争辩，以吸引他人的目光，获得他人的关注。在他们的性格中，自负的成分占了很多，他们妄自尊大，很少把他人放在眼里，尽管自己在某些方面表现得的确得糟糕。他们做事的时候，多缺少必要的思考，所以常会做出错误的判断，而且还容易疏忽和健忘。

头发浓密粗硬，却能自然下垂，这种人从外形上来看，多半身体比较胖，而且也显得比较慵懒，不喜欢活动，但是他们的心思多比较缜密，往往能够观察到特别细微的地方。他们的感情比较丰富，易动情，对情感不专一。

下面所说的类型，多是针对男性朋友而言：头发和胡须连在了一起，且又浓又粗，这种类型的男性，给人的第一感觉往往是剽悍、强壮。一般来讲，这些认识都是不会错的，除此之外，他们还显得比较鲁莽，性格豪放不羁，有侠义心肠，喜欢多管闲事，好打不平，多不拘于小节。

头发淡疏，粗硬而卷曲，这一类型的人，多思维比较敏捷，而且善于思考，并有很好的口才，能够很容易地说服别人。他们的性格弹性比较大，可以说得上是能屈能伸，适应性很好。但他们的屈和伸，又是在坚守一定的原则和基础之上进行的，所以无论外在的东西怎样多种形式地不断变化，其内在还有一些稳定不变的东西。

头发浓密柔软，自然下垂，这一类型的人，大多性格比较内向，话语不多，善于思考。从某种程度上说，他们具有很强的耐性和韧性，这一类型人所从事的事业多是和艺术方面有关的。

头发自然向内卷曲，如烫过一样，这一类型的人，脾气大多比较暴躁，而且疑心比较重，总是患得患失地在犹豫和矛盾中挣扎，除此之外，嫉妒心还很重。

发根弯曲，发梢平直，这一类型的人多自我意识比较强，厌恶被人约束和限制，不会轻易地向他人妥协。

让自然来决定自己的发型，并且长时间地保持，这一类型的人多总是怨天尤人，但却从来不从自己身上寻找原因，更不会付诸行动去寻求改变。他们很多时候容易向别人妥协，所以很多行动并不是真正的发自内心自己真实想做的。

头发长长的，直直的，看起来显得非常飘逸和流畅，这种人的性格大多界于传统与现代之间，他们即含蕴世故，又大胆前卫，只是要视情况而定。他们通常有很强的自信心，对成功的渴望很迫切。

头发很短，这样看起来很简洁，而且也极为方便，这一类型的人，大多有勃勃的野心，他们的生活总是被各种各样的事情占据着。他们在内心很想把这些事情做好，但实际上却往往什么也做不好，因为他们缺少必要的责任心，在遭遇困难，面对挫折的时候，往往是选择逃避。他们做事前的准备工作往往做得很细致。

热衷于波浪形烫发的人，说明他们对流行是比较敏感的，他们大多很在乎自己外在的形象，并且知道怎样才能使自己的外在形象达到最佳的效果。他们比较现实，在绝大多数时候，能够根据客观实际来协调和改变自己。他们能够把握自己的命运，无论是对任何一件事情，都会积极主导着自己的生活，使之达到符合自己的要求。

喜欢蓬松及前端梳得很高的发型，这一类型的人比较保守，而且还有点固执或者也可以说是执著。他们喜欢上了一件东西，认准了某一件事物，在绝大多数的情况下，不会轻易地改变自己的想法及观念。

故意把发型弄得很怪，这一类型的人，表现欲望很强烈，他们希望自己能够吸引更多的目光，他们经常不考虑他人的心情和感受，有什么话就说什么话。他们对任何一件事情都有自己独特的见解和认识，并且会始终坚持着自己的立场，他们很有一股魄力，敢于同权势对抗，不屈不挠。虽然这些人的行为有时显得让人有些难以接受，但却有不少人尊敬他们。

喜欢平头的人，大多男子汉的味道更浓一些，他们讨厌娘娘腔十足的人，而对很有硬气的人十分有好感。他们自己本身看似缺乏温柔，但实际上也有温柔的一面，他们的思想从一定程度上来说还是相对比较保守和传统的，他们也很在乎自己在他人面前的表现。

喜欢剃光头的人，多是努力在营造一种能够让人产生误解的想法，这样很容易给人一种神秘感，让人猜不透他们心里在想些什么。

第五章

从生活习惯上了解习性

1. 从动作习惯上看人内心

每个人的一举手一投足都反映了他的心态和性格。我们可以通过一个人的一举一动、一颦一笑来透视他的内心。这里所论述的动作习惯是一个人长期、经常、出现频率很高的动作，而那些偶然出现的，或在特定环境下出现的身体反应，在后面的身体语言中将有所论述。

（1）摇头晃脑者

这种人特别自信，有时显得唯我独尊，对工作很热情投入，对事业有着一往无前的精神，但其张扬的个性会使其人际关系不好。

（2）拍打头部者

拍打头部一般表示后悔和自责，拍打脑后部者不太重感情，而且对人苛刻；拍打前额者心直口快、坦率真诚，富有同情心，但口不严，守不住秘密。

（3）边说边笑者

性格开朗，对生活要求不太苛刻，富有人情味，感情专一，珍惜爱情和婚姻，喜欢平静的生活，但缺乏一种积极向上的精神。

（4）边说边打手势者

打手势是对所说内容的强调。这种人果断自信，性格外向，习惯于把自己塑造成领导型人物，并有良好的口才，待人真诚，与异性相处时很兴奋，并爱充当护花使者的角色。

（5）交谈时搔头发者

性格鲜明、个性突出，爱憎分明、尤其嫉恶如仇。善于思考，做事细致，又喜欢拼搏和冒险，干事业只重过程不重结果，但大都缺乏一种对家庭的责任感。

（6）摆弄身上的饰物者

有此习惯的人多为女性，性格内向，情绪不外露，做事认真，虽然经常被人看做是胆小鬼，但一旦被激怒，却胆大包天。

（7）挤眉弄眼者

这种人看上去就很轻浮，缺乏涵养，喜新厌旧，特别会处理人际关系。在事业上善于捕捉机会，从而得到领导的赏识，是“马屁精”。

（8）掰手指节者

这种人习惯于把手指掰得咯嗒咯嗒地响。他们精力旺盛，很健谈，喜欢钻牛角尖，因为自己思维逻辑性较强，经常把别人的观点说得一无是处。还是多愁善感的情种。

（9）腿脚抖动者

自私，占有欲望强。对别人吝啬，对自己知足常乐。这类人善于思索，动脑的能力比动手的能力要强，在爱情婚姻中疑神疑鬼，常制造“醋海风波”。

（10）吐烟圈者

接受能力强，反应快，如果能全力投入策划或创意方面的事业，肯定会大有所成，但做事优柔寡断，在爱情方面则表现为“藕断丝连”。

（11）死死地盯住别人者

这种人支配欲望特别强。不喜欢受拘束，我行我素，慷慨大方，行为看起来像花花公子，可一旦选定了人生的目标就一定会去努力。

（12）走角落者

这种人十有八九属于自卑型，性格怪异，有时嚣张有时又谦虚。心性聪明，口头表达能力不强，书面写作能力不错。

（13）抹嘴、捏鼻子者

这种人喜欢捉弄别人，却又不敢敢作敢为，为人处世喜欢哗众取宠，性格却是软弱的，习惯于被人支配，很难将“不”字说出口。

2. 从语言习惯看人内心

在人的动作表情中，最常被利用来捕捉对方特性的，是语言习惯，即一个人说话的腔调、声调的高低、音量的大小、声音的粗细等外部特征，以及遣词造句一类的语言表达方式的特征。语言的表达方式包括词的选择，句法语序的组织和如何措辞等。

（1）从话题上看人内心

在人际交往中，交谈的话题往往是其人关心或嗜好的直接表现。通过话题透视别人的深层心理，一是要从话题的内容去了解，二是从话题的展开方式去探索真意所在。

话题的选择因人而异，一般与说话者有切身关系。一种人总喜欢谈自己以及子女、配偶等家事，他们做事以自己为中心，任性，难以顾全大局，是一种心理发育不成熟的表现，因为幼儿都喜欢说我怎么样怎么样。另一种人从不谈自己而专门谈别人隐私，想了解对方的心理和弱点。如果是发生在男女之间，那就是一种深切的爱情或关心的表现。这两种类型的人都以女性居多。还有一种人喜欢谈新闻人物、演员、明星的隐私或丑闻，许多期刊都以此争取读者，最典型的代表就是少男少女中的“追星族”，如果是成人还迷恋此道的话，就是出于一些复杂的心理因素，有的是借此驱散寂寞无聊的心情，有的是借此表达是非观点，还有的是表现自己广见多闻。

从话题的展开方式上来看，话题不一定能直接表现人的爱好与关心。社会结构越复杂，人类意识越是压抑，而压抑的意识自然会以一种扭曲的形式表现出来。一位瑞典学者做过一项有趣的调查，以两百名女性员工为调查对象。结果，她们说是因工资低而不能安心工作，实则是对工作本身不感兴趣。有的人突然岔开话题，这是自我显示欲很强的表现，这种人蔑视他人，唯我独尊，不会顾全大局、关心他人。有的人善于追踪话题，使对方的话题扩展开来，能将对方的情况掏出来，这类谈话专家以记者居多，也是其职业需要。有的人善于倾听和开导，他们有着宽容而善良的心，能深入了解他人。有的人谈话没有中心，“下笔千言，离题万里”，如同写作的毫无脉络，他们情绪不稳定，或逻辑思考能力弱，无法系统归纳，也许自以为内容丰富，他人却以为支离破碎。

（2）习惯性语言

习惯性语言的形成除了社会性、阶层性和区域性的语言差异外，还因为个人素养、气质的不同而不同。所以习惯性语言能表现自我个性，固有的语言习惯往往比说话的内容更能表现其深层心理。

容易显示人的语言习惯，主要有以下几种：①第一人称语；②借用语；③敬语；④思考语；⑤附会语；⑥流行语；⑦外来语。

①第一人称

第一人称语就是有意识地强调自我，开口便是“我以为……”“我说是……”等话语。这是自我意识很强且高于自信的表现，美国心理学家李彼得和怀特研究的结果表明：领导人为专制型的团体成员与领导人为平均主义者的团体成员在语言上的区别是后者一向使用复数人称，将“我”隐入“我们”之中。

②借用语

借用语就是用自己的语言说话时，特别喜欢借用警句名言，事例数据来表达意见。这种借名人的光来提高个人说话权威性的情况叫“背光效果”，这种人通常被认为缺乏自信心，或表达了对权威的憧憬。有些爱用僻词粤语者则是炫耀自己知识面宽的表现。

③敬语

在人际关系中，最能表现心理的语言是敬语，它是心理的润滑剂。刻意堆砌敬语，此人心中必有某种企图。有时敬语是嫉妒、敌视、轻视或戒心的反向表现。本来是关系亲密的人，忽然使用敬语，则表示关系的冷漠与疏远。如果谈话当中一直使用敬语，则表明自卑或隐藏着戒心和敌意。

④思考语

思考语是表明人们思考动态的言词，多属连接词。相当于英语中的“and”，即“然后”、“接下来”等。常说思考语的人表示其思绪松懈、条理层次不清。还有使用“但是”、“然而”等表示连接的思考语，这种人常在说话时整理思绪，思考力强，是聪明的表现。使用“毕竟”、“果然”等思考语，说明其意志坚决，性格强硬，政治家常以此作为口头禅。还有常使用“呃”、“啊”、“唔”等词语来寻找和应接下面的话，表示其人缺乏信心，不敢说出己见。

⑤附会语

在对话中，听者可能不时插上一些附会言者的话，表示对其所言的赞同，这就是附会语，附会语有两种：一是重视对方所言，让对方了解自己在认真倾听，并附带着表情（如点头），表示肯定和接受对方的所言。由此消除对方心理障碍，以便探明真意。二是帮腔，帮腔者往往连对方说什么都不清楚，就假意附和。常用附会语者或没有主见，或心有所图，或为拍马屁者。

⑥流行语

使用流行语的往往是年轻人，喜欢赶时髦，缺乏自我主见，惯于不加分析地附和，追求统一步调，同时对权威表现出怯弱的服从性。

（3）从语气透视他人的内心

说话的语气就像表情一样，传达言外之意，还充分表达着言者的内心感情，以增强说话的感染力。语气的不同，可以使表达的意思完全相反，没有语气的语音不仅难听，往往使人不知所云。说话的语气，包括声调、速度、抑扬顿挫、感情修饰等，无不是在增强语言的内容和效果，好的播音员，不仅音色好，还善于调摆语气，来拨动人们的心弦。

说话的特征之一是速度。速度快的多半能言善道，但有时失之于轻浮；速度慢的人要么迟钝木讷，要么说话有分量，一句千金。如果速度快者突然变慢，是对谈话的人或话题不感兴趣。速度加快则往往是在说谎，比如男人在外面拈花惹草之后回家时往往话多，是因为内心有不安和愧疚的感觉。

声调是语气的又一特征，人在情绪激动时，声调往往会提高。人的话语与所表达的意图不一致时，音调就会异常，即常说的阴阳怪气。

节奏是另一个特征。节奏主要表现为抑扬顿挫。有人刻意作出抑扬顿挫，目的是要吸引他人的注意。人在理直气壮时，说话就有节奏感，没有自信、心怀鬼胎的时候，说话往往慢吞吞而无节奏。还有的语气暧昧，常使人不知所云。

（4）从谈话的姿势识人

说话的姿势与语气一样，表明了一个人对待对方的态度。如抱着两臂或将两手背到身后与人交谈，表现出一种自高自大的优越感。两手无力地吊在身旁，或坐着时手放在膝盖上，是谦逊客气的态度。以立正的姿势听人讲话，是畏怯、紧张和服从的表现。有人低着头、脸朝下，上半身松松垮垮的，无力耷拉着脑袋说话是羞怯、自卑或犯罪感的体现。有的在交谈时，身体不停地动一动手或动动脚，是情绪不安、脾气暴躁、容易发火的人的表现。

（5）讲话的方式与性格

讲话容易冲动，讲个没完的人，干其他事也和说话一样易冲动，拼命地去干。相反，说话犹豫不决，吞吞吐吐，咬文嚼字的人，干事瞻前顾后，踌躇不决。有一名叫亨特的心理学家，按照弗洛伊德性格检查法的方式，选择了二十几个性格最外向和最内向的高中生，让他们口头描述一件事物，然后再朗读一段文字材料。实验的结果是：外向者的语言表达能力要么非常好，要么非常糟；内向者没有两极分化，既无特别好的，也无特别差的。在朗读方面，外向者与内向者相比，语调的误差小，漏读的也少，声音的变化不大，数字也读得清楚快捷。在口述方面，外向者比内向者讲的时间长，且常使用语义含混的词句。这结果因为测试人数少故不具代表性，仅供参考。

3. 从饮食习惯上看人内心

饮食是生命中不可或缺的一环。有人是为了活着吃，有人是为了吃而活着。饮食比其他习惯更容易泄露一个人的个性，因为饮食习惯绝大部分是无意识的，是早在童年时代就已经形成的心态。怎么吃？在哪里吃？到什么时候吃？听起来仿佛都是有意识的选择，但是这些选择其实老早就根植在你的个性中了。

（1）站着吃的人

你戴着帽子、穿着衣服，就站在开着门的冰箱前面吃东西。你很饿，需要立刻吃东西。你经常吃没煮过的食物，咖啡还没冲泡好就喝了。尽管你的胃口好，狼吞虎咽，但只要你满足了，你可能是个温柔、体贴甚至是个慷慨的人。

（2）边煮边吃的人

你是一个妻子，一位母亲，一个牺牲自己的人。但愿你所服侍的人，曾经感谢你为他们做牛做马。你从来没有机会坐下来和家人一块儿用餐，因为如果这样的话，那谁来侍候他们？所以，你要站在火热的炉边吃。让家人高兴是一件很重要的事，也是你活着的唯一目的。

（3）边吃边看书的人

你需要不断补充食物才能思考。你心里有许多的梦想和计划，而你需要利用每一个多余的时间去思考这一切。你做事符合经济效益，经常为了节省时间和精力，而同时做两三件事。

（4）边走边吃的人

你在百忙中抓起一个热狗和一杯汽水，最后再吃一根雀巢巧克力棒当做甜点。虽然你让旁人觉得很忙碌，来去匆匆，事实上，你毫无规律，决定仅凭一时冲动，结果经常和自己的兴趣相悖。由于你不善于分配自己的时间，因而替自己找了许多不必要的工作，和许多消化不良的机会。

（5）应酬饭局的人

你所渴望的是人，而不是食物，所以，你进餐厅的主要理由是交际，而不是吃饭。要你单独在当地的小酒吧里喝酒，根本是不太可能的事。任何活动，只要有人和你一起做，无论是看电影、欣赏表演，就变得有趣极了。其实，你非常需要有人陪伴。

（6）一边看电视一边吃的人

你不喜欢一个人吃饭，可是，你也不想和别人聊天。传统上，吃饭时间也正是一家人聚在一起，讨论一天所发生事情的时候。不过，在晚餐时间看电视，的确阻碍了大伙儿接触的机会，结果，每个人都变得愈来愈孤独。因此，一家人唯一可以共同分享的感受，是那些伴随广告而来的话题。

（7）吃饭速度很快的人

你做任何事都很快。遇上任何事，你都想立刻把它们做完。对你而言，人生只有目标，没有过程。你不记得如何开始，无法享受到达目的地喜悦，唯一关心的是尽快着手做下一件事。

（8）细嚼慢咽的人

你喜欢体验咬、吸、嚼、尝、吞等感官之乐。你不慌不忙地咀嚼每一口食物，为的是尽情享受食物的味道。你以缓慢而悠闲的步调过日子，享受着欢乐的时光。世界上没有一个侍者能够催你赶快把饭吃完，因为晚餐对你来说，是持续整个晚上的享受。

（9）带剩菜回家的人

你知道如何善用每一块钱，会把一餐变成两餐。今天的晚餐就是明天的午餐。你是一个缺乏安全感的人，觉得自己不断受剥削，即使事实上你并未受到他人的剥削。你从小一直被灌输“不浪费，不匮乏”的信条，认为只要将剩饭菜带回家，就是不浪费，不吃亏。

（10）在餐厅吃的人

对你而言，服务比食物重要，因为你喜欢有人侍候你。如果别人先问你，你会很乐意地告诉他心中真正的欲望。一旦你说出了心中的需求，便希望能够依照你所说的实现。经常在外吃饭，可能表示你实在不善于照顾自己，而且你可能是个确定有所收获才愿意付出的人。

（11）在家里吃的人

你只愿意对自己负责，如果别人侍候你或刻意迎合你，你便觉得浑身不自在。对你而言，适应新环境是种沉重的负担，因此，你选择在熟悉的环境中放松自己。

（12）定时进食的人

你被训练成每天固定在几个时间吃东西，而且如果吃的时候正好是规定的时间，那你的心情会更好。其他时间即使挨饿你都无所谓因为你已经掌握了自制的艺术，包括做错事自我处罚。

（13）要求别人给你东西吃

在你的成长过程中，只要大喊：“妈！我饿了！”你母亲便会放下手边的一切事情，即使到了三四十岁仍旧如此。直到现在，你仍旧没有预先的计划来管理自己的生活。你希望放纵享乐，得到立即的满足，觉得这世界该把你当成唯一的小孩。

（14）不吃早餐的人

不吃早餐可能代表两件事：第一，你是如此热衷自己多彩多姿的生活，使你无法为了喝一杯橙汁而暂停片刻；第二，你找到了一份令你厌恶的工作。

（15）只吃晚餐的人

你擅长克制自己，如果达到了自己预定的目标，你一定会给自己一点儿小礼物作为奖励。在行为方面，只要你相信对身体和心理都有正面的影响，便愿意心中的喜悦、满足感晚点儿到来。

（16）好吃零食的人

食物是你的癖好、你的镇静剂、你的朋友、你的情人。吃东西可以平息你似乎永远存在的焦虑，协助你放松心情，因此，你可以吃更多。食物是你的支柱和依靠。一想到没事可做，你便急急忙忙走到冰箱前，虽然你的肚子经常是饱饱的，可是你从未满足过，因为你必须不断地把你的不安全感吞进肚子里。

（17）患厌食症的人

在你的身体里，有一股探索生命的巨大欲求，而你害怕，如果这股欲求真的出现了，会毁了你。你所受的教育要你否认所有的感官经验。你生命中的每一件事物都要尽量俭朴，你家的布置十分简单，衣橱很小，头发剪得很短。你吃的东西清淡，引不起食欲。你认为吃东西不过是一项义务，一项讨厌的工作，而性爱也是一样。

4. 从刷牙上看内心

一个人刷牙的模样和方式，通常是由父母教导的。因此，在刷牙时所做出的许多无意识的动作正反映出我们的态度。

（1）上下刷

这表示，他有很好的自我形象，而且保有幼年时代学到的许多积极的价值观和道德观。事实上，他和父母之间的良好关系，成为他个人和工作上成功的主因。他擅长以一种非常不受限制的乐观态度去从事例行工作。在别人眼里，他是一位可以信赖、友善、快活的人，没有什么心机。

（2）左右刷

他早就知道这样刷是错误的。那为什么有人要用错误的方法刷牙呢？可能是因为这些人在成长过程中，曾和父母亲有过严重的冲突。问题出在他目前仍在叛逆期，他总是唱反调，别人也发现他喜欢争辩，尤其爱争些鸡毛蒜皮的琐事。

（3）只在早上刷牙

他很在意自己留给他人的印象，而且可能非常努力地依照别人的期望在过日子。大体说来，他十分讲究穿着，很懂得修饰自己，总是把最好的一面呈现在别人面前。每天早晨以活力充沛的崭新心情面对一切，是他心目中不可或缺的一部分。不过在潜意识里，他正设法把前一晚的自己清洗干净。

（4）只在晚上刷牙

如果他只在晚上刷牙，那他只在乎一件事情：不要蛀牙。他是个从来不说废话的人，喜欢以最少的精力来完成一件事，事情不必做得很完美，只要差不多即可。他通常说话算话，不多说，也不少说。

（5）每日刷牙超过三次

这样的行为是被迫的，因为长期缺乏安全感，就连最简单的工作，他也要一而再、再而三地检查。每次外出赴约前，他可能花上三个小时梳妆打扮，却仍旧认为自己不够好看。同一件事情，他一次又一次地请求别人帮他出主意，许多朋友都快被他逼疯了。

（6）使用硬毛牙刷

使用一支会使他出血的牙刷，透露出他有一种需要接受惩罚的需求。他相信，所有值得的事物，都必须付出痛苦和牺牲才能得到。甚至去看牙医时，他也请医师不要使用麻醉剂，因为他想证明自己可以忍受痛楚。

（7）用太多牙膏

浪费是他存在的主要目的。由于心中强烈的不安全感，他有舍弃一切的倾向，而且，他所谓的“足够”是永远都不够。他极度挥霍，为的是让自己体会到幸福的感受。他所过的生活远超过他财力所能负担的限度。对他而言，这些都无所谓，只要每个月信用卡的账单能够付清就行了。

（8）用太少牙膏

没有人会责怪他挥霍无度。他很节俭，找到廉价、特价商品是他最大的兴趣。他讨厌丢掉任何东西，所以他在裤子上贴补丁，补鞋跟，重新整修家具，把所有东西都做了最有效益的使用。

（9）牙膏用到牙膏管都卷了起来

他紧紧把握生命中的一点一滴，不单是牙膏。他是个吹毛求疵的人，一本正经，规规矩矩。他习惯把盘中最后一口食物吃完，不浪费任何一丁点，即使剩下，也会用塑料袋保存好。他制造的垃圾很少，只要想到要丢东西，就令他惶恐不安。

（10）从牙膏管中间挤牙膏

他只关心眼前，不重视未来，是个及时行乐的人。他没有银行账户，如果有也只是一点儿股票、债券，或其他长期投资。在性爱方面，即刻的满足通常是他建立长久关系的基础。

5. 由睡床上看人性格

有人说，人的一生中有三分之一的时间都是在床上度过的，由此可见床在我们的生活、生命中非常重要的作用。既然床有如此重要的作用，那么相信每一个人都会为自己选择一张安全舒适的床。

选择单人床的人多比较传统和保守，有很好的道德和素质，对自己的要求非常严格。他们并不算是特别灵活的人，有时候甚至显得有些木讷，但他们在为人处世各个方面都比较小心和谨慎，对工作能够认真负责，有坚强的意志力，最后也多会取得一定的成功。

喜欢比单人床大一点，但又比双人床小一点的床的人，他们的性格多是双重的，并且在大多数时候处在一种矛盾当中。他们一方面想使自己的某种愿望得以实现，可是另外一方面，他们又十分害怕为此而承担某种责任，付出某些代价。他们是非常善变的一群人，很难满足于某一固定的生活形态。为人多比较亲切和热情，而且也希望能够从他人那里获得关心和温暖。

喜欢特大型号床的人，他们的自主和独立意识相对比较强，喜欢自由的、无拘无束的生活，从来都不愿意被他人所摆布。他们希望有可以让自己伸展拳脚的空间，并一直在为此而进行努力。他们并不太想有人能非常彻底地了解自己。相比较，他们更愿意与他人保持一定的距离和神秘感。

有一种旧式床，它可以折叠好放入墙内，喜欢这一类型的床的人，多是比较传统和保守的，而且生活十分节俭、朴素。为人处世方面比较小心和谨慎，他们从来不会轻而易举地就把真实的自己展示给他人看。他们的感情中，理性成分比较多，懂得控制自己的感情，喜欢与人保持一定的距离。

所谓的圆头床就是分不清床头和床尾，四周几乎差不多是一样的。喜欢这一类型床的人，他们会时常在生活之中制造一些精彩，他们觉得这样生活才更有意思。他们是反传统的，叛逆性很强，既定的规则根本无法局限住他们。他们做事马马虎虎，也不认真，常常是连最起码的先后顺序都没有。他们行径怪异，喜欢我行我素而又随心所欲。

喜欢折叠床的人多具有双重的性格，他们有时候会深深地压抑自己的某种情感，有时候又会无节制地放纵自己。这一类型的人多缺乏责任心，在该负的责任面前，常常会选择逃避。他们多会把大部分的时间和精力投入到工作当中去，属于事业型的人。而在这个过程中，他们更多地会将自己的各种情感深深地掩藏起来。

喜欢睡日式垫子的人，自律意识比较强，而且对自我要求极为严格，时常会将非常沉重的负担压在自己的肩上，并命令自己努力去完成。他们为人比较耿直和坦诚，崇尚自由和平等。

喜爱罩篷床的多是具有十分强烈的浪漫主义色彩的人，他们常常放纵自己，让自己生活在一个虚幻的、美妙的世界里，借以逃避现实生活中的许多不如意。他们多性情温和，但意志力不强，非常脆弱，容易受到伤害，而且时常有受挫败感。

喜欢带有镜子的床的人，目的是通过镜子可以观察自己，由此可见这一类型的人具有自恋情结。但有些时候，他们又会不太信任自己的感觉，而从自我的圈子里跳出来，以一个旁观者的眼光来观察和打量自己。

喜欢水床的人，其性格多是善变的，而且他们相当敏感，往往能够很快地就抓住社会发展的趋势，然后快速地调整自己，使自己顺应潮流，然后投入其中。在绝大多数时候，他们都会使自己处于主动地位，这为他们带来了很多的成功。

四周有着精巧的金属架，四角有四根尖尖的柱子的铜床，喜欢这一类型的床的人，多缺乏安全感，他们总是在努力寻找一种东西来保护自己，这种铜床成了最好的选择。他们的防卫心理十分强，而且时刻存在着，要想使之消失可谓是一件极不容易的事情。他们的疑心很重，不会轻易相信任何一个人。因此，与这样的人进行交往，常常会产生强烈的受挫感。这一类型的人做事很讲究原则性，总是要什么都分得一清二楚。

只要轻轻按一下按钮，就可以抬高放低床，喜欢这种自动调整床的人，多是一个完美主义者。无论现实情况怎样，他们都会尽自己最大的努力使之按照自己的意愿进行，哪怕是付出相当昂贵的代价也在所不惜。这一类型的人为人多比较严厉和苛刻，难以取悦，同时人际关系也不是特别良好。他们经常会刻意营造某种环境来迎合自己的需要和想法，并且坚持到底而不会轻易改变。他们很少主动去顺应别人，但却希望并且也要求他人适应自己。

喜欢阁楼床的人多希望自己站在阁楼上，有高高在上的感觉。这样，他们可以很清楚地看到一些景象，可是实质上，他们的根本意义则是站在高处俯瞰全局。这一类型的人更适合做一个管理者。在很多时候，他们会采用一些有效的、新的方法来客观地处理和解决各种问题，并且能够起到非常好的效果，从而赢得他人的依赖和尊敬。

6. 从卧室的装饰和摆设上看透人心

卧室可以说是一个非常个人化的空间，它可能是唯一一个完全属于自己的场所。如何把这一有限的地方充分加以利用，达到最好的效果？这往往取决于卧室主人的聪明和智慧。

一间卧室若要把它装饰得恰到好处，每一件小饰物，都应该凝聚着房间主人一定的心思和精力。所以，从卧室的装饰和摆设往往能看出其主人是一个什么样的人。

以卧室为生活的中心，用来吃饭、睡觉、娱乐。这一类型的人，多是比较外向的，他们希望自己能够多些对他人的了解，同时也希望他人能够对自己多一些认识。他们乐于与他人一起分享自己的幸福和欢乐，同时也能够快乐着他人的快乐，痛苦着他人的痛苦。他们渴望能够拥有一块真正属于自己的自由空间，然后随心所欲地做一些事情。这一类型的人，自信心不是特别强，但他们善于调整自己，以使受挫感降到最低的限度，使自己能够很快地重新再站起来。

在生活中，几乎每一个人都有自己崇拜和敬仰的人物，有些人习惯把自己所崇拜和敬仰的人物的海报贴满卧室。这一类型的人性格多少有些孤僻，若想更好地与人相处，存在着一定的困难。这一类型的人还有一些不注重实际，常会放弃一些唾手可得的东西，而去追求那些遥不可及的事物。他们缺乏自信，常常进行自我贬低，而抬高他人，他们总是觉得自己处处不如人。

房间只是用来睡觉的，除此以外，其他的所有事情都在卧室之外的空间进行。这一类型的人的卧室经常保持整洁、朴素，每一件东西都有其自己的位置和特定的空间。他们的性格与卧室有着一定的相似之处，他们在为人处世各个方面都有一定的规律性，而且懂得控制自己的情绪，不轻易发怒。他们能够保证自己在绝大多数情况下表现都非常得体、自然。

卧室虽然被装潢得美轮美奂，但却没有多少鲜明的个人特色，这表明这间卧室的主人虽然有一定的欣赏格调，但却拘于形式、规律而无法放开手脚自由活动。他们对自己缺乏自信，经常否定自己。为了维持住现状，他们总是千方百计地想办法以最好的方式应付出现的各种情况，而绝对不会惹是生非。他们在多数时候宁可奉命行事也不愿意当领导。

有些人的卧室非常整洁和干净，但另外还有一些人的卧室却乱得不成样子，简直是一个垃圾仓库。这一类型的人，虽然外表上看起来，可能也是非常利索的，但实质上则十分拖沓。他们为人多是比较热情的，但做事缺乏认真负责的精神，常常是得过且过，敷衍了事。

卧室里有各种玩具以及健身用的器械，这一类型的人多是外向型的，他们比较开朗和活泼，为人热情亲切，而且还具有一定的同情心。他们希望生活中时时充满激情，而讨厌死气沉沉、一成不变的慢节奏生活。

房间里保留许多孩提时代留下来的东西，如各种玩具、有纪念价值的艺术品，甚至得过的奖状等等。这一类型的人有比较重的怀旧情结，常常会陷入到过去的某种情境中而无法自拔。他们乐于受到父母亲人的保护及约束、限制，在思想上并不算十分成熟。他们多有较强烈的依赖心理，缺乏冒险意识，最乐于过目前这种衣食无忧、逍遥自在的日子。

7. 从睡姿观察对方

一个人以什么样的姿势睡觉，是一种直接由潜意识表现出来的身体语言。观察和了解一个人的性格有很多种方法，观察睡姿是其中的一种。一个人无论是假装睡觉还是真正的熟睡，睡姿都会显示出一个人在清醒时，表露在外和隐藏在内的某种思想感情。对于自己而言，我们在很多时候并不知道自己在睡觉时采取什么样的姿势，不妨问一问身边亲近的人，然后根据实际的性格对比一下。除此以外，还可以对别人有个大致的观察和了解。

在睡觉时采用婴儿般的睡姿，这一类型的人多是缺乏安全感，比较软弱和不堪一击的。他们的独立意识比较差，对某一熟悉的人物或环境总是有着极强的依赖心理，而对不熟悉的人物和环境则多恐惧心理。他们缺乏逻辑思辨能力，做事没有先后顺序，常常是这件事情已经发生了，连准备工作还没有做好。他们责任心不强，在困难面前容易选择逃避。

采取俯卧式睡姿的人，多有很强的自信心，并且能力也很突出。在绝大多数情况下，他们都能很好地把握住自己。他们对自己有非常清楚的认识，知道自己是谁，也知道自己在做些什么。对于所追求的目标，他们的态度是坚持不懈，有信心也有能力实现它。他们随机应变的能力比较强，懂得如何调整自己。另外，他们还可以很好地掩饰自己的真实感情，而不让他人看出一点破绽。

喜欢睡在床边的人，他们会时常缺乏安全感，理性比较强，能够控制自己，尽量使这种情绪不流露出来，因为他们知道事实可能并不是这个样子，那只是自己一厢情愿的想法。他们具有一定的容忍力，如果没有达到某一极限，轻易不会反击、动怒。

在睡觉时整个人呈对角线躺在床上，这一类型的人多是相当武断的，他们做事虽然精明干练，但绝不向他人妥协，态度是我说怎样就怎样，他人不得提出反对的意见。他们乐于领导别人，使所有的事情在自己的直接监督下完成。他们有很强的权力欲望，一旦抓住就不会轻易放手，而且越抓越紧，绝不愿与他人分享。

喜欢仰睡的人多是十分开朗和大方的，他们为人比较热情和亲切，而且富有同情心，能够很好地洞察他人的心理，懂得他人的需要。他们是乐于施舍的人，在思想上他们是相当成熟的，对人对事往往都能分清轻重缓急，知道自己该怎样做才能达到最好的效果。他们的责任心一般都很强，遇事不会推脱责任选择逃避，而是勇敢地面对，甚至是主动承担。他们优秀的品质赢得了他人的尊敬，又由于对各种事物能够做出准确的判断，所以很容易得到他人的依赖，也会为自己营造出良好的人际关系。

双脚放在床外的睡觉姿态是相当使人疲劳的，但还有人选择这样一种睡姿。这一类型的人大多是工作相当繁忙，没有多少休息时间的人。他们的生活态度是相当积极和乐观的，在绝大多数时候显得精力充沛，而且相当活泼，为人也较热情和亲切。他们多具有一定的实力和能力，可以参与加入到许多事情当中，生活节奏相当快。

脸朝下，头摆在双臂之间，膝盖缩起来，藏在胸部下方，背部朝外，采取这样一种睡姿的人，通常具有很强的防卫心理，并且这种心理时刻存在着，准备随时出击。他们的自主意识多比较强烈，不会听从他人的吩咐和摆布，去做一些自己并不愿意做的事情，更不会向权势低头，如果有人强行要求他们，他们就会采取必要的措施。

双手摆在两旁，两脚伸直坐着睡，这种睡姿在生活当中并不多见，但仍然存在。这一类型的人多时刻处在一种高度紧张当中，他们的生活节奏多是相当快的，而且规律化极强。每天在什么时间做什么事情似乎已固定下来，而他们在这个过程中，身体和思想在自然而然中也形成了一定的规律，俨然条件反射一般。

在睡觉时握着拳头，仿佛随时准备应战，这一类型的人如果把拳头放在枕头或是身体下面，表示他正试图控制这种激动的情绪。如果是仰躺着或是侧着睡觉，拳头向外，则有向人示威的意思。

双臂双腿交叉睡觉的人，自我防卫意识多比较强烈，不允许别人侵犯自己。他们的性格是脆弱的，很难承受某种伤害。他们对人比较冷漠、内敛，常压抑自己而拒绝真情实感的流露。

8. 从拿烟的方式透视人心

（1）使用随用随丢式打火机

如果他使用燃料用完就可以丢弃的瓦斯打火机，那他的生命中充满了各式各样的变化。他的人际关系得以持久的少之又少，因为他讨厌需要时时留意照顾某人或某事。随用随丢式打火机容易操作，既方便又实用，就像他每处只做一场秀的个性。

（2）使用银制或金制打火机

他的个性和使用随用随丢式打火机的人恰恰相反。丢东西或抛弃某人，对他而言实在是件难事，甚至使用期限已过了许久，他还是舍不得丢弃。虽然他喜欢沉浸在古董和有价值的艺术品中，但他心中大部分的爱却保留给散置在身旁的小饰品上。他坚持留在某一个地方，在那里扎下稳固的根，对朋友和同事都有很深厚的感情。

（3）使用电子打火机

拥有这么一个打火机表示他为人深思熟虑，做事有效率。他坚持花最少力气完成别人交代的工作。为了省事，他会用电动牙刷、电动擦鞋机、电动开罐器等等。

（4）玩打火机的开关

他已经点完烟了，可是还继续把玩打火机的开关。这是一种内心焦虑的迹象。当然，这也是为何他总是在场第一个抽烟的人。他的内心充满焦虑，表现在外变成了情绪紧张，给人一种元气耗散的印象。再者，这样做可以让情绪得到适当的宣泄。不过，轻轻地玩打火机的开关，总比让脸部不断抽搐好。

（5）点大火

他所做的每一件事都毫无节制而且超支。他戴高价位的珠宝，开大型豪华汽车，花钱方式好像没有明天。这就是为何他把信用额度用完、拿着首饰上当铺的原因。当然，他不在乎。他因慷慨大方而受人喜爱，通常也因此无往不利。只是他常在帮人点烟时，不小心烧到别人的鼻子。

（6）使用令人印象深刻的火柴

当他在帮人点烟时，一定会让对方注意到火柴盒上时髦夜总会或餐厅的名字。当然，他是在创造一种重要的社会形象，因此，他的打扮毫无瑕疵，穿的绝对是设计师设计的衣服。然而，事实真相是，他可能付不起这些时髦的行头，而且上俱乐部经常只点一杯苏打，却乘机拿一大把纸火柴盒。

（7）一根火柴点两根烟

他是一个大男子主义或女强人，总是点两根烟，然后满不在乎地把其中一根交给另一个人，也不管对方是否抽烟。这种做法显示他拥有高超的社交技巧，而且能够沉静而有效率地运用这些技巧。替别人做些小事使他觉得对方需要他。当然，他只要看到别人开始为自己做事，他就会有点儿紧张。

（8）标枪式拿法

这种拿法是把香烟拿在拇指和食指的尖端，其他手指缩向掌心，仿佛抽烟的人正要掷标枪。这种拿烟法蕴藏了一股沸腾的怒气，而且随时都可能爆发出来。

（9）O型拿法

这种拿烟法比标枪式拿法优雅，或许也比较女性化。但基本上，内在蕴藏的情感是同样的。用大拇指和食指的指尖拿着香烟，两根手指形成一个圆圈，其他手指优雅地伸展开。外表看来，他正摆出一副诱人、无攻击性的姿势。但内心巧妙地设下一个满怀敌意的陷阱，并且希望有人掉下去。

（10）反着拿

用食指和中指拿烟，不过方向反了过来，如此一来，烟头与手掌平行。这模样仿佛他正要把烟给对方，而他也的确愿意把自己的烟给对方，但他希望给的不只这些。这样的拿法不过表示他在大胆地暗示对方。总而言之，他愿意先采取行动，跨出第一步，让别人了解他。

（11）烧到手掌心式拿法

烟还是反过来夹在食指和中指间，不过拿得比较低，烟头几乎碰到掌心。这种拿烟法透露出一股强烈自我毁灭的倾向。他不可能把这种倾向表现出来，因为他隐藏愤怒的方式，就和他藏烟头的方式一样。在他生命的这一刻，他宁可自焚也不愿被别人活活烧死。

（12）捂嘴式拿法

这模样看起来很像握拳式拿法，不过这种拿法的手是张开的，给人的感觉是：每抽一口烟，就用手捂住嘴巴。整体而言，这样的姿势仿佛告诉别人：我每开口说一个字，必定先自我反思。事实也的确如此：他的每一个想法必定是经过深思熟虑后才说出口的，别人想责骂你还真难。

9. 从沐浴的方式看透人心

一个人如何清洗自己的身体，一直是全人类所关心的事。我们将沐浴视为重生的象征，洗掉每日的污秽，然后再以全新的自我迎接世界。因此，当一个人脱下衣服、卸下扮演的角色时，便还原成真正的自己。

（1）淋热水浴

热水使他的感情胜过理智。他从淋热水浴所得到的热血沸腾感反映出：他偏好“热情”的风格、“热烈”的罗曼史和“辛辣”的食物。他处理每一件事都可能感情用事，如果被对方拒绝，他可能很快就脸红脖子粗。

（2）淋冷水浴

他喜欢保持合理、合乎逻辑的情绪，不让外界的东西影响判断。他头脑清楚，而且非常专业，是个冷静的人，不喜欢表现出相当烦恼或十分满意的情绪。

（3）淋浴按摩

多样化是他的生活情趣。由淋浴按摩中得到的各种兴奋，代表他寻求各式各样的性爱享受，以同一种方式做两次爱绝对无法满足他。这也是他花许多时间洗澡的原因。把自己洗得干干净净，只是他以非传统的新方式，替自己寻找性感区和刺激性感区的借口罢了。

（4）泡泡浴

他无时无刻不在放纵自己。他喜欢享受长时间的美容浴。每周他会修一次指甲，做一次脸或修一次脚趾甲。因为他很在意外表的吸引力，总是在周末做些按摩和有益健康的活动，必要时，还会做美容手术消除鱼尾纹、双下巴，或凸出的小腹。

（5）热水盆浴

如果他喜欢赤裸裸地和一群人一块儿洗澡，他是一个追求自然主义的人，不受一般社会常规或旧式道德规范。他极端时髦，尤其在自我意识抬头时，更是如此。

（6）蒸气浴

如果蒸气浴是日常生活中不可或缺的一环，那这个人总是坚持由内向外发掘问题。他深信，只要彻底流一身汗，没有治不好的病症。蒸气浴是一种放松的方式，好让他把体内的污秽排除掉。

10. 从喜欢的运动方式上透视人心

你从事某项运动，可能纯粹是顾及健康因素，或只为了保持好身材。如果你真选择了某种运动，那么你所选择的养生之道中便透露出你在身、心两方面的需求，展现了你的个性。

（1）体育馆或健身俱乐部

只要不是一个人受苦，你并不反对为了锻炼身体和维持健康而受苦。你喜欢有人陪你一起受苦，这样运动完后，在蒸气房里，就有伴可以互相怜惜。

（2）有组织的运动

无论你是在学校的操场打篮球，或是在海滩上打排球，你最爱的不是运动而是参与运动所得到的乐趣。你是团队中的一份子，这点在你的生命中占了很重要的一环。下班后和你一块儿打球的那些人，通常是你高中时代的老朋友。

（3）家庭运动器材

广告使你相信，这类运动不需要费多少力气，就能够达到真正运动的效果。不过，你很快就会发现，只有广告里的模特儿，才有办法边运动边露出笑容。你的运动器材，现在摆在大厅的橱子里接灰尘。

（4）喜欢举重的人

你比较在意形式，较不重视内涵。你最在乎的是外表，仿佛你也有一副好得不得了的身材。举重赋予你令他人称羡的力量，这使你觉得自己很特别，能够做某些没几个人能够做到的事。

（5）喜欢竞走的人

你讨厌跟随人群，偏爱展露自己特殊的品位。如果正好有一种时尚流行，例如慢跑，你一定会另外找个新花样。你的行为经常不符合传统。

（6）有氧舞蹈

喜欢这种形式的体操，表示你对自己的身体抱着一种圆融的态度，因为这种运动每一动作间的连接都相当自然流畅。为了展现优美的舞步，同时培养耐力，你除了着重肌肉的力量外，还特别在意体态的优雅，你不排斥做一些别人觉得既繁重又乏味的工作，因为你懂得把工作当做游戏的诀窍。

（7）喜欢骑自行车的人

你比慢跑的人更懂得经济运动学，因为你晓得如何以同样的能量走更远的路；此外，你还可以坐下来运动大腿。爱好自行车的你，不像爱慢跑的人那么死板，你会经常改变设定路线（慢跑的人通常都顺着同一条路线跑）。

（8）瑜伽

瑜伽与外在身体及内在器官的流畅性有关，尤其和脊椎顺畅与否更是关系密切。喜爱练习瑜伽的你，深刻体会到呼吸是控制自己生命的一种方法，也了解冥想和体力的发挥是同样重要的。在一般情况下，倒立有助于拓展视野，使你对事情的看法更透彻圆融。

（9）边做事边运动的人

如果你在除草时做弯膝盖的动作，煮菜时伸手去拿香料，或在扫灰尘时做运动，那你是一个想象力丰富的人，是一个会让现实的工作变得有挑战性、值得去做的天才。你可能不太喜欢做家事，但你没有抱怨，反而把做家事的过程转变为一种自我修养、自我改进的训练。别人想使你觉得厌烦、无聊，恐怕是一件很难的事；不过，如果你想使别人觉得厌烦、无聊，倒是易如反掌。

（10）散步走路

走路是一项最健康的运动。这种运动形式既不稀奇，又不时髦（就和你的为人一样），但长期走下来，却令你受益无穷。你对需要紧急完成的计划没兴趣，不喜欢马拉松赛跑或吸引他人注意。你是一个有耐心的人，有信心面对一切事物。

（11）不运动

如果你知道自己的身材已经完全走样了，恐怕会心脏病发作。即使到这个时候，你仍然坚信医学科技，可以像以前一样把你修理得完好如新。危机的降临是突如其来的，你实在不擅长训练自己，只好强迫他人来训练你。所以，你虽然不慢跑，但却是第一个跑去看医生的人。

11. 由开车观察对方心里

一个人控制汽车的方式和控制自己的方式，有许多相似之处。如果把车子视为一个人肢体的延伸，那么开车的方式，就是肢体语言的机械化身。一个人在方向盘上的举动，反映出他对每天社交遭遇的心情与态度。因此，同样地，一个人在路上与其他车子所产生的关系，也正是生活中与他人关系的写照。

从来不开车的人多自主意识不强烈，他们的依赖性比较强，缺乏足够的安全感，时常会陷入到一种孤独、无助的境况里。他们多有较强的自卑感，时常进行自我否定，习惯于被人领导，而不是领导他人。他们缺乏积极的冒险精神，乐于跟在他人后边做事，这样可以逃避许多责任，出了差错，自己也不会有太大的损失。基于这一点，他们不会取得巨大的成就。他们很在乎他人对自己的评价，这几乎完全控制着他们的一举一动，一言一行。

开车但没有驾照的人在很多时候喜欢对他人指手画脚，但又总不能完整地表达自己的意图，最后做出来的结果，与想象地存在着很大的差距。他们希望自己的生活时刻充满足够的刺激，他们会不断地创造这样的机会。这一类型的人并不能称得上是十足的行动主义者，常常说得天花乱坠，但自我表现却充满了消极的色彩。他们具有想赢但却怕输的性格。

按规定速度开车的人，车对他们而言只是一种代步的工具，他们开车的目的并不是为了寻找某种刺激，所以他们能够心态平和地以正常的速度开车。这一类型的人比较传统和保守，他们在为人处世中大多采取中庸的态度，即使有很大的胜算，也不会冒险。他们遵纪守法，从来不做出格的事。他们为人诚实可信，不马马虎虎，所以会与他人建立良好的人际关系。

驾车速度比规定速度低很多的人，他们最突出的一个性格特征就是胆小怕事，对于这一点，他们自己感到很苦恼，而亲戚朋友对此也极度失望。在通常情况下，这一类型的人的嫉妒心也是很强烈的，他们嫉妒或是嫉恨那些超越自己的人。他们想奋起直追，可又常常跨越不出自我的樊篱。同时，他们对自己缺乏足够的自信，总是觉得什么也把握不住。他们在渴望的同时又在极力避免任何东西放在自己的手里，一旦有某些东西，诸如权力和金钱等掌握在自己手里，他们就会将其威力减弱到最低程度。

喜欢超速行驶的人，多自主意识比较强，他们讨厌任何一个人为自己立下一定的规矩，并且也不允许有人这样做，如果有人强行要做的话，他们可能就会采取相当极端甚至是非常危险的方式来进行阻止，以维护自己。他们对生活的态度是积极、乐观和向上的。他们对名利看得相当淡泊，只是随心所欲，自己活得快乐就好。从某种程度来说，他们对金钱和权势是憎恶的。

由他人驾车，自己习惯于坐在后座上的人，一般来讲，他们的取胜欲望是相当强烈的，从来不愿意自己输给他人。他人的成就对他们来说是一种威胁，他们害怕自己会失败，所以会严格要求自己成功。正是在这种激励之下，他们才会不断地前进。他们的自信心很强，而且有良好的自我感觉，并不断地寻找机会以证明自己的重要性。他们希望他人对自己有强烈的依赖性，凡事都来征求一下自己的意见。

遇到红灯或是堵车等情况，大声地按喇叭，这一类型的人，大多是外向型的，脾气暴躁、易怒，在现实生活中，遇到不如意的事情，他们会经常尖叫、大喊、发脾气。他们随机应变的能力并不是很强，尤其是在挫折和困难面前，往往不知所措。他们自信心不强，周围人对他们而言常常是巨大的威胁。他们很少有心平气和的时候，总是显得焦虑和不安，而这种情绪的产生可能并没有什么原因或是理由。他们做事效率低，自身的能力也不突出，看不到他们有什么样的成就，但却总是显得匆匆忙忙的。

开车的时候不换挡的人，他们多不希望自己的一切都被他人安排得好好的，他们更热衷于自己独立去探索一条完全属于自己的道路来走，哪怕在这条路上到处都有坎坷不平，他们也毫不在乎。他们不会轻易地向别人请教，而是喜欢凭自己的感觉做事，与此相反，他们会时常给别人一些指教。他们具有一定的责任心，任何一件事情都能够尽职尽责。

只要绿灯一亮，就抢先往前冲，这一类型的人，多头脑比较灵活，反应比较敏捷，随机应变的能力强。他们习惯在于凡事抢先一步行动，这从某种程度上讲为他们的成功创造了许多的机会。他们对成功的渴望往往要比其他人更强烈一些，他们有较强的竞争意识，生活态度也比较积极，但由于经验的不足，也会时常跌倒。

等到绿灯亮了以后，最后一个发动车子的人，在他们的性格中，冷静、沉稳的成分比较多。他们在为人处世等方面都是比较小心和谨慎的，总是要等到具有一定的把握以后才会行动。他们追求的最终目的是安全有保障，给自己带来的损失越小越好，他们为了保护自己，很懂得收敛，从来不会表现得锋芒毕露，这样可以避免被人拒绝或是被人伤害。

第六章

从工作习惯上看风格

1. 由签名来看人的特征

我们虽然不是公众人物，如演员、明星等，也不是具有庞大家资的企业领导人，需要不断地为自己的崇拜者以及各种文件签名。但是作为我们，生活中普普通通的一分子，还是有很多时候需要签名以证实某种事实的。

每一个人都会有不同的签名，也就是说每一个人的签名都是独特的。有心理学家研究，一个人的签名方式代表了他的个性。从签名的方式也可以观察出一个人的性格特征。

在签名时，喜欢把最后一笔当做底线，而这一底线又是强劲有力，笔直而不显夸张的，这也是这一类型人性格的一种流露，他们的性格就如同这底线一样。一般而言他们是有着非常强烈的自信心的，而且有一股不屈不挠的精神，这从他们做事的过程中最能够体现出来。一件事情，在没有完成之前，他们会始终坚持着，而不会轻易放弃，哪怕这其中要付出很大的代价也在所不惜。

签名时的字非常小，而且又紧紧地凑在一起，这表明这是签字者想要用最小的空间作最大的用处，所以说他们是十分懂得节俭和精打细算一类人。他们不会太在意其他人怎样看自己，只要是自己认为做起来有意义的事情，就会义无反顾地去做。他们做事情常常初衷是好的，可是最后却达不到预期的效果。

在签名的时候，习惯于写大字体、花体字、装饰字的人，多是缺乏一定的自信心的，他们藉借这样一种方式来掩饰自己信心的不足，可实际上却还是无法掩饰得了，所签名字的字体虽然看起来很有一些味道，但只要仔细一看就知道其中缺少了内在的东西，也就是所谓的一种神韵。

签名向左斜，其他字向右斜，这种类型的人，多有很强的叛逆性，但这种叛逆性可能并不是自己真实本性的流露，而可能是佯装出来的潇洒。他们很多时候，总是不断地过分追求一些表面化的东西，给人造成一种假象，觉得这是一个十分不好亲近的、而且显得很冷淡和漠然的人，可实际上，他们是十分平易近人而又和蔼可亲的，并且也乐于与人交往。

签名向右斜，而其他的字向左斜，这种类型的人，往往具有比较高超的社交经验，他们会很快就让自己成为他人关注的焦点，这除了使用一些为人处世的技巧外，主要的还在于他们开朗、热情而又诙谐幽默的个人魅力。虽然在表面上看来，他们与其他人以及所在的场合是完全融在一起的，但是实际上，他们常常会跳出圈子之外，以一个旁观者的眼光来审视一切，这样，更有利于他们为人处世。

签名时的字不断地下降，这表明这是比较容易疲劳的一类人。他们在面对某一问题时总是缺少足够的信心和耐力，遇到挫折和困难时，时常会有无法承受的感觉，从而妄图采用逃避的方式拒绝承担责任。

签名时的字不断地上升的人，多是有很强的自信的，而且他们还有勃勃的野心，并有坚信自己必胜的决心。他们做事之前，一般都会有一番比较严密的思考，然后制定出一定的计划和方案步骤，最后在确保不会有多大闪失的情况下，才会行动。他们有一股不屈不挠的韧性，从来不会轻言放弃，他们的成功多是从最底层开始，一点一点建立起来的。

签名字体比一般字体要大得多的人，自我表现欲望强烈，而且还有一些自我膨胀的倾向。他们多强调的是一些表面化的东西，希望在视觉上给人留下耳目一新的印象。他们的这一目的在很多时候都能达到，但这也是最后的底线了，而无法往更深层次发展。缺少内涵，所以只能在外表上多下工夫。

签名字体比一般字体小的人，与签名字体比一般字体大的人恰恰相反，他们一般没有自我膨胀的感觉，甚至总是以为自己是非常渺小而没有影响力的。他们时常会回避本该属于自己的荣誉和赞扬，而进行自我贬低。

签名的字让人无法辨认，根本就不知道那是什么，这样的人性格多是比较复杂的，他们或是能够很好地掩藏自己，或是不断地变化，总显得喜怒无常，所以让人抓不到一点头绪，也无从下手来进行了解。他们对罩在自己身上的神秘面纱并不讨厌，同时也很喜欢把自己当成一个很另类的人，让他人投入更多关注的目光。

签名的时候，喜欢画波浪底线的人，多是比较圆滑和世故的，他们深谙在当今这个社会上得以立足的根本是什么，所以在任何时候，他们都能够凭借自己的深思熟虑以及多年来总结出的人生经验，使自己处于有利的位置，占据主动而不是陷入被动。

喜欢画圆圈式签名的人，性格多是很孤僻的，他们在感觉上缺乏安全感，所以会无端地对他人进行怀疑和猜测。他们有较强烈的恐惧感，所以迫切希望自己能够与外界完全隔离开来，这样，他们在心理上才会安静下来。他们讨厌被人干扰。其实他们所有的不安全和恐惧全部都是自找的，是对他人缺少必要的信任而造成的。

签名时始终有一条线是贯穿其中的，这样的人有自卑心理，他们常常否定自身存在的价值，极度的不自信，总是认为自己一无是处。他们的生活就是在这样不断的自我责问中过来的。

习惯于签名之后跟着句号或是破折号的人，他们为人处世大多是相当小心谨慎的，而事情失去控制的时候，大多都能想出相对比较好的办法进行解决。这一类型的人，比较多疑，并常会为此而带来苦恼和困扰。他们做事多遵循一定的模式，他们会经常寻找他人是否有对自己不利的证据，一旦找到，彼此的关系也就宣告结束了。

在签名时时常省略某一笔画的人，性格大多是豪爽而又大气的，不会太在意一些细节上的问题，凡事不会太较真，只要在大体上说得过去就可以了，有时候马马虎虎，得过且过。他们很健忘，为此常会把一些很重要的事情耽误了。

签名的字和学生时代的字迹还是一样，缺乏明确的形式和流畅感，大小排列不整齐。这样的人在外表上虽然看起来显得相当成熟，但他们在实质上还是不成熟的。他们常常会有一些听起来很幼稚，根本不切合实际的想法，但他们自己却感觉不到这一点。

图案式的签名看起来显得非常高雅而有节奏感，而事实上，这一类型的人也和他们的签名一样，是具有一定品味的，他们多有很高的学识和很好的修养，为人处世也极有礼貌。他们沉着稳重，充满自信，而且意志力坚强，在绝大多数时候，一旦打算要做某件事情，就会像他们的签名一样一气呵成，而不会半途放弃。他们很有自己独特的观点和见解，并且会坚持自己的思想，不轻易向谁妥协。他们还有很好的想象力和创造力，常会有一些出人意料的成就。

2. 通过办公桌来看人性格

每个人在工作的时候都有一张办公桌，那么在这一张桌子上，如果够仔细的话，也可以发现许多的秘密，这些秘密是什么呢？这就是通过办公桌所呈现出来的种种表象，观察一个人到底是什么样的性格。

不管是办公桌的桌面上，还是抽屉里，都是整整齐齐的，各种物品都放在该放的位置上，让人看起来有一种相当舒服的感觉，这表明办公桌的主人办事是极有效率的，他们的生活也很有规律，该做什么事情，总会在事先拟定一个计划，这样不至于有措手不及的难堪。他们很懂得珍惜时间，能够精打细算地用不同的时间来做更有意义的事情，而不是浪费掉。他们多有一些很高的理想和追求，并且一直在为此而努力。但是他们习惯了依照计划做事，所以，对于一些出乎意料发生的事情，常常会令他们感到不知所措。在这一方面，他们的应变能力显得稍微差一些。

在抽屉里习惯放一些具有纪念意义的物品的人，多是比较内向的。他们不太善于交际，所以朋友不多，但仅有的几个却是非常要好的。他们很看重和这些人的感情，所以会分外珍惜。他们有一些怀旧情结，总是希望珍藏一些美好的回忆。但他们比较脆弱，容易受到伤害，而且做事也缺少足够的恒心和毅力，常常会在挫折和困难面前不战而退。

抽屉和桌面全部是乱七八糟的人，他们待人多相当亲切和热情，性格也很随和，做事通常只凭自己的喜好和一时的冲动，三分钟热血过后，可能就会自然而然地放弃。他们缺少深谋远虑的智慧，不会把事情考虑得太周密，也没有什么长远的计划。生活态度虽积极乐观，但太过于随便，不拘于小节，经常是马马虎虎，得过且过，但是他们的适应能力较一般人要强一些。

无论是桌面上还是抽屉里，所有的文件都按照一定的次序和规则摆好，整齐而又干净，这一类型的人工作很有条理性，组织能力也很强，办事效率比较高，而且具有较强的责任心，凡事都会小心谨慎，避免失误的发生，态度相当认真。这样的人虽然可以把属于自己的工作做得很好，但是有一点墨守成规，缺乏冒险精神，所以不会有什么开拓和创新。

桌面上收拾得很干净、很整洁，但抽屉内却是乱七八糟，这样的人虽然有足够的智慧，但往往不能脚踏实地地做事，喜欢耍一些小聪明，做表面文章。他们性格大多比较散漫、懒惰，为人处世并不是十分可靠。在表面上看来，他们有比较不错的人际关系，但实际上，却没有几个人是可以真正交心的，他们也是很孤独的一群人。

各种文件资料总是这里放一些，那里也放一些，没有一点规则，而且轻重缓急不分，这样的人大多做起事来虎头蛇尾，总也理不出个头绪来。他们的注意力常被一些其他的事情分散，从而无法集中在工作上，自然也很难做出优异的成绩。他们也想改变自己目前的这种状况，但是自我约束能力很差，总是向自我妥协，过后又后悔不迭，可紧接着又会找各种理由来安慰自己。

桌子和抽屉里都像是垃圾堆，找一样东西，往往要把所有的东西全部翻个遍，到最后可能还是找不到，这样的人工作能力差，效率也极低，他们的逻辑思辨能力非常糟糕，也多缺乏足够的责任心。

3. 由主持会议的风格看人的特征

一个人如若做点事情，无论是工作还是学习，他就都会有参加或是出席某一会议的机会。在会议中如若担任主角——负责主持，那么怎样才能取得最后的成功呢？这与主持者对场面的控制能力以及他的主持风格有很大的关系的。通过这两个方面也能观察出一个人的性格。

在主持会议时，采用独裁方式的人，多是具有一定身份、地位和能力的人，并且他们很看重自己目前所拥有的一切。他们多有较强的自信心和意志力，在很多时候能够做到心里有数，遇事也有泰然自若的魅力。但通常，他们又比较固执，轻易不会接受他人的意见和看法。

在主持会议时，把所有的与会者都当成是自己的学生，唯恐他们听不明白自己在讲些什么，一而再，再而三地为之讲解，甚至达到浑然忘我的境界。这一类型的人多属于专家级的人物，在某一学术科研领域非常精通，他们具有一定的权威意识。他们在为人处世等方面往往表现得清高气傲，不拘于世俗，除了自己的专业之外，对其他的事情，他们总是显得很漠然。

在会议中占用大半的时间以表现自己，诉说自己的种种成就或是一些意见和看法，这一类型的人，多是一些能够赢得领导上司依赖的红人，他们常常以自己所处的特殊位置而感觉自豪，并且还时常目中无人。这种人，头脑多比较灵活，随机应变能力比较强。但缺乏责任心，在事故面前，总会想方设法为自己辩解，以逃脱责任。

在主持会议时，只负责把上级的命令传达给下级，把下级的意见反映到上级那里，这一类型的人多比较圆滑和世故。他们绝对不会轻易地得罪谁，他们乐于当好好先生，虽然自己把许多事情看得都很透，但嘴上却不会轻易说什么。

主持会议时的表现温文有礼，而又非常谦虚，这样的人多是有一定发展前途的。他们在会议上的表现还算自然，可以畅所欲言，提出自己的意见和建议，可是由于他们显得非常理智，缺少感情色彩，从而会减弱自身的魅力，所以给人留下的印象也会相对的淡一些。

4. 从处理信件的方式来看人

在现代的社会中，通讯设施越来越先进，方便和快捷的通讯方式在很多时候使很多人忘记了还有写信这么一回事儿，写信进行沟通和交流这仿佛已是上个世纪很久远的事情了。但这是针对一部分人而言的，写信的联系方式虽然在今天已经不如以前了，但在一定范围内还普遍存在着，所以对于从处理信件来观察一个人还是有必要的。另外顺便强调一下，随着科技的发展，很多人都上了网，到网上去交流，在网上发电子邮件其实也是写信的一种方式。

一收到信就打开并在最短的时间内写好回信的人，他们的时间观念一般来说还是比较强的，希望尽快地把事情做好，然后去做其他的事情，同时也不希望对方等得太久。但也有一种情况是，他们只是在对信件的处理上表现得比较积极，因为写信的人是他比较重视的，但在其他方面则比较散漫和随便，得过且过就可以了。

接到信以后不开信也不看就把它丢在一边不管，继续做其他的事情。这样的人，如果他不是存心要不看信，就表明他的工作、学习、生活是很忙的，时间被安排得很紧，至于那些不是特别重要的信件自然就会放在一边等到时间充裕的时候再处理。当然，也可能永远不会有处理的时间了。

接到信以后，请别人代自己打开信件，这样的人对别人多是充满信任感的，否则不会让别人替自己打开信，毕竟信是属于比较私人化的东西。

并且他们不擅长隐藏自我，可以将许多秘密说出来与他人共同分享。这种人自我意识比较强，人际关系不会太好。但总的来说还是比较不错，他们虽然比较以自我为中心，但还较慷慨，凭这一点可以使自己赢得他人的信任。

在接到信以后，先仔细地看完寄信人的地址以后，再打开信看信的内容。这样的人，生活态度多是比较严肃的，他们做事很有规则性，而且很彻底，要么不做，做一定要把它做得很好。

在接到信以后，进行一番选择，先把私人信件拣出来，看完以后再去处理其他的信件。这样的人多是感情比较细腻，而且特别重情谊的人，他们一般来说在性格上显得有些脆弱，需要得到别人的安慰和扶持，这也是对私人信件比较看重的一个非常重要的原因。

喜欢阅读垃圾信件的人，其好奇心是比较强烈的，他们希望能够接受一切自己感兴趣的东西。基于这一点，他们对新鲜事物的接收能力特别快。因为有些东西是比较无聊的，他们在看的时候，又练就了自己的忍耐力和宽容力。

与上一种人相反，见到垃圾信件就丢掉的人，他们在为人处世方面，都是比较小心和谨慎的，有自我防卫意识，不会轻易地相信某一个人。这一类型的人多少有些愤世嫉俗，所以显得不够圆滑和世故，所以人际关系会存在着一些不如意之处。

信箱总是满满的，从这一点就可以看出，其人际关系是相当不错的，有很多可以用写信的方式进行联系的朋友。这种人多属外向型人，为人多比较随和亲切，能够关心人，为他人着想，所以很容易获得他人的信任和依赖，他们很满足于这种什么东西都有很多的良好感觉。

与信箱满满相对，信箱总是空空的人，性格是比较孤僻和内向的，不太容易与他人进行沟通和交流，心里有很多属于自己的隐私，但他们不会将这些说出来与他人分担和分享。这样的人由于自主意识比较强，凡事不用征求他人的意见，有自己的主张，常我行我素。他们常走极端，不是过分坚强，就是过分地脆弱。

5. 从工作责任心看人

人生大多由两部分内容组成，一是生活，二是工作。由于工作占据了人们非常多的时间，而且工作的内容也不尽相同，如果对职场的态度与责任心进行分析和研究，不难发现性格在其中起了非常重要的作用。

面对责任的人。这种人包括三种类型：第一种在心理学上称为“内疚反应型”，他们一旦发现工作出现问题，不管是否与自己有关，马上想到自己应该承担的责任，很容易进退维谷，导致神经系统功能紊乱。第二种是“推卸反应型”，他们遇到麻烦总会极力推卸责任，想方设法找出种种理由把责任转嫁给他人，常常令同事头痛不已。第三种叫“适中反应型”，此类型人居于前两者之间，遇到该分担责任的时候努力寻找事故原因，以客观事实为依据，属于自己的责任勇敢地承担下来，有时也会为了整体利益而承担一些不属于自己的责任。

不忙假装忙的人。掩饰工作能力低下，大都对自己的能力产生怀疑，力图通过在别人面前装出一副努力工作的样子使同事，特别是领导不会轻视自己。而事实上他们的工作业绩也非常差，为了掩饰自己，为了使自己的弱点不会被同事或上司发现，他们别无选择。

厚己非人的人，懒惰是他们最大的性格特征。他们认真工作，忙忙碌碌，但却都是表面现象，在困难面前逃得比谁都快；总是用异样的眼光看待其他的同事，觉得他们不务正业，欺骗上司，谁都没有他们那样热爱自己的本职。其实他们最希望得到的是加薪和升迁，但懒惰的他们不会比其他的人多干一点，假使多干了一分钟，也要到处宣扬。

看上司脸色行事的人。这种人表里不一、情绪不稳定，只有在上司在场的时候，才会聚精会神地工作，而上司一旦消失，他们的干劲便会回落到低谷。他们在生活中也是玩着当面一套、背后一套的把戏，用一张伪善的面孔面对周围的人和事。有一些内向的人，见到领导就会紧张，结果由于分心而使工作效率大大降低，其实这是他们的自卑感所致。

所以若想认识和了解一个人的性格，还可以从他对工作的态度上进行观察。

一般来说，外向型的人多勇于承担责任，在工作中，没有机会的时候会积极地寻找机会、创造机会，有机会的时候会牢牢地把握住机会，他们多很容易获得成功。

内向型的人在面对一件工作的时候，首先想到的是自己该负担的责任、后果等问题，总是担心失败了会怎样，所以时常会表现出犹豫不决的神态。因为顾虑的东西实在太多，行动起来就会瞻前顾后，畏首畏尾，最后往往会以失败而告终。

工作失败了，不断地找一些客观的理由和借口为自己开脱，以设法推卸和逃避责任，这种人多半是自私而又爱慕虚荣的，他们常常以自我为中心。

工作上一出现问题，就责怪自已，把责任全部揽到自己身上，这样的人多胆小。

失败以后能够实事求是地坦然面对，并且能够仔细、认真地分析失败的原因，进行归纳和总结，争取在以后的工作中不犯类似的错误，这样的人多是真正成熟的人。他们为人处世比较沉着和稳定，具有一定的进取心，经过自己的努力，多半会取得成功。

工作比较顺利，就非常高兴，但稍有挫折，便灰心丧气，甚至是一蹶不振，这种人多是性格脆弱、意志不坚强的类型。

6. 从日常交流的动作语言看人

我们要完完全全地认识一个人，只听他说出的话是远远不够的，因为他的话可能是真也可能是假，还有可能半真半假。在日常生活当中，人们仅仅依靠一张嘴是很难完成交际沟通的，以及真实全面地传达出自己的感情，于是采用了一些辅助手段。手舞足蹈说的是人高兴时的手足动作，抓耳挠腮说的是人着急时候的样子，张牙舞爪说的是人凶恶的表现……从中不难看出身体的动作用从作为表达信感的辅助工具，也可以从中窥出一个人的性格特征。所以要想深入了解周围人的真情实感，可以从细心留意他们的一举一动入手。

习惯性点头的人，比较关心他人和体贴别人，知道给予配合的重要性。及时表达自己的认同，可以使说话者增强自信和对谈论话题深入思考，并得以充分发挥，有利于找出最好的解决问题方法，于人于己都有好处。在生活和工作当中，他们同时也是愿意向他人伸出援手的人，能够尊重对方的弱点，在力所能及的范围内寻求解决方案，具有热心助人的性格特征。能够聆听对方的全部说话内容，并给予认真的思考，让说话者会有被认可的感受，所以会认可和欣赏他们，把他们当成可以深交的伙伴。他们也是一些爱交朋友的人，这不仅表现在能够给予朋友力所能及的帮助，而且还在内心深处关怀和体贴朋友，处处为朋友着想，时时想着为他们排忧解难，准备随时帮助朋友，最为难得的是经常在尚未得到别人请求协助的时候便伸出了援手。

东拉西扯，频频打断别人话题的人，倾向于冒进，欠缺稳重，给人一种毛头小子的感觉，很少有人会和他们长时间地交流，更别提促膝而谈，所以他们很少有真正的朋友和可以依靠。他们做事往往虎头蛇尾，雷声大，雨点小，所以千万不要把全部的希望都寄托到他们身上，否则定会吃大亏。尽管花言巧语可以赢得美人芳心，但由于有丈母娘严格把关，所以他们的婚姻很难完美。

心不在焉的人，属于精神涣散者。他们不重视谈话过程，自然不会在意谈话内容，假设用心听了，那也是粗枝大叶，丢三落四。这种结果的外在表现是他们办事容易拖拉，一延再延，因为他们根本就不知道对方让自己做什么，而且得过且过；如果目标已经明确，条件也具备和成熟，他们却又往往无法把精力集中起来，或是一心二用，或是驰心旁骛，接到手中的任务往往不了了之，毫无责任感，终身难有所成就。

乘人不注意窥视他人的人，属于心术不正类型。自身根本就没有什么特长或惊人之处，但却总是想着能够“不鸣则矣，一鸣惊人”。他们不知如何才能实现这个愿望，而现实当中又很少有人愿意理会这些空想家，结果使他们的自尊心受到很大的伤害。为了实现自己的白日梦，向世人证明自己的存在价值，他们学会了功于心计，善使机关。

凝视对方的人，凝视是一种意志力坚定的表现，他们往往不用过多言语和动作就已经显得咄咄逼人了，而且不管是男人还是女人，都表明他或她现在是充满力量的强者。如果眼光真的可以杀人，他们的凝视肯定可以成为致命武器，因为与这种目光接触，难免会有受到攻击的恐慌。其实，大多数人之所以凝视他人，只是为了想看穿对方的性格而已，并无实际攻击意图。

动作夸张的人，哪怕是鸡毛蒜皮的小事，他们也要蹿上蹿下，扰得周围的人不得安宁。但他们的本质是好的，并不是存心想要别人不舒服，之所以会这样，其实是按捺不住热情和好强，认为光靠言语不足以表达心中炽热的感情，所以必须加进一些夸张的动作来表达自己的内心想法，以引起他人的注意和进行思考。可是在他们的内心深处，通常存在着极度的敏感和不安，他们无法确定自己的这种方式能否被别人认可和喜欢。

喜欢目光接触的人。眼睛是心灵的窗口，与别人目光接触，无疑是主动向对方展示自己的内心，表明既希望能够深入了解对方，也为对方了解自己敞开了大门。他们充满了自信和直爽，从不怀疑自己的动作会给他人带来不愉快。他们懂得为他人着想，所以做事专心，尽量满足大家的要求，希望做出好的成绩让公众认可自己，接纳自己；懂得礼貌在交际中的作用，能够把握分寸，非常适合需要面对面进行交流的工作。

坐立不安、手足无措的人，精力充沛，给人一种事业型的感觉，而他们也正是按照事业类型打造自己的。由于身边的工作机会很多，为了早日实现自己的目标，他们不允许自己错过任何机会，积极投入身边的所有事情当中，忙完这个忙那个，放下一头又抓起另一头，结果心急吃不了热豆腐，疲于奔命，造成极度的紧张，无法专心致志于分内工作，得不偿失。

7. 从使用的通讯录看人

由于名片的大量使用，既节省时间，又显身份，还不受外界条件限制，随时都可以使用；而手机的存储功能又给通讯录一个沉重的打击，最大限度地节省空间和时间，所以通讯录大有被社会淘汰的趋势。但是作为大众来说，通讯录还是一种非常重要的生活用品，名片必定有用完的一刻，没电的手机是无论如何也工作不了的，所以通讯录丢不得，浓缩其中的性格也不可不知。

使用昂贵通讯录的人，他们是头脑很清醒的一族，知道自己这一世不能单打独斗，一些能够给予自己帮助的人是必不可少的。他们选择这样的通讯录也是为了提醒对方自己对他们珍视的程度，同时也向他们保证自己会极力维系彼此间的关系。由于生活艰辛和复杂多变，他们常常以失败告终，但心胸开阔的他们只会将一些名字更加珍重，作为一次教训的纪念。

使用廉价通讯录的人，使用这种通讯录最大的优点就是随时都可以丢掉而无半点的可惜，通讯录通常来自“一元店”或公司赠品；对通讯录这种态度，与对同事和朋友的自然没什么两样，轻轻松松地来，简简单单地去，没有拖泥带水的留恋。将心比心，他们容易把别人忘记，他人同样不会对他们依依不舍。他们喜欢新鲜的东西，住处、工作、朋友和情人。

每年都更换通讯录的人，将有用的人转到新的通讯录上，没有用的人连同旧通讯录一同丢进垃圾桶，于是他们给人势利眼的感觉。这种做法虽然让人恐惧，但要清楚的是这是诚实表现，他们不会做虚伪的事，从来都将真实的自我呈现在大众面前，这也是干脆利落的表现。

珍藏通讯录的人，昔日所有的感情都归结于历史，尽管消失得很远，但他们依然希望能够再度拥有。虽然大家已经各奔东西，但他们还是兴致勃勃地在无人的时候给故友打电话，特别是旧情人，虽然常常得到他人的拒绝，但他们还是对其他的人深情依旧，将失望很快地忘记。他们是十足的情感王子。

没有通讯录的人，兜中皱皱巴巴的纸团记录着一个电话号码、看过的书中夹着一张写着电话号码的纸条、胳膊上还隐隐约约有着昨天记下的号码、墙上的电话号码更是密密麻麻。不仅电话号码漫天飞，其他的生活用品诸如袜子、鞋子和脏衣服等更是触目皆是。也许他们是为了创作而无暇顾及身边的这些琐事，但一屋不扫却要扫天下的狂想恐怕没有几个人能实现得了。

第七章

从兴趣爱好上透视内心

1. 从个人爱好知人

孟子说："一乡之善士斯友一乡之善士，一国之善士斯友一国之善士，天下之善士斯友天下之善士。……是尚友也。"通过观察他的朋友来了解他的为人，是一种便捷而可靠的观察人的方法。通过观察其所交朋友的类型，就可知其人是否贤明。生活中人们也常说："告诉我你的朋友是谁，我就知道你是什么样的人。"俗话说："物以类聚，人以群分"。朋友与朋友之间，一般都有着某种共同的兴趣、追求。或者其脾气相投，或者其目标一致，或者其工作性质相同，这些共同点使他们有条件凝聚在一起。这一现象实质上就是人才科学上讲的"共生效应"原理，所以通过其朋友识别人的品质能力是比较科学的方法。

所谓看书知人法是指看看一个人经常读什么书，就知道他的品行为人。一个人读不读书，大约是最不好装假的事情，有人视读书为享乐，有人视读书为畏途，也有人把读书当安眠药。有人外表可以打扮得如绅士，谈吐也可以很堂皇，但是拿起书来就有如举千斤般费力。同样的道理，一个人读什么书，更是来不得半点虚假和造作。让一个读武侠小说彻夜不眠的人去翻几页经济学教科书，很可能顿时哈欠连天；让一位久经官场的政治家去看岑凯伦的爱情小说，无论她写得怎样缠绵悱恻、哀艳动人，多半也换不来几滴同情之泪。

什么人读什么书。青春少女不会去看《退休生活手册》，对生活丧失了信心的人也绝不去买《怎样治疗面部痤疮》。“一个人喜欢的书就是他气质的可靠的索引”。因之，有些传记文学作家为已故的名人作传时，总要把这个人的藏书大致翻检一遍，以理清这位故人生活道路的脉络，找到描写他、揭示他的思想素材。

领导者在领导活动中，通过了解对方喜爱读什么书，同样也可以较准确地认识人的品行。

据说国外有公司招聘员工时，主试者会突然要求应试人随手写下自己喜爱的几本书的书名，通过此途来判断这个人以决定取舍。但是，看书知人要注意分析的全面性，要把对方看的书与他的行为结合起来考察，不能因他在研究“八卦”而视为封建迷信，否则，就会失去人才。

2. 由喜爱的音乐来知人

音乐是全人类共通的语言之一，在人的生活中是离不开音乐的，离开了音乐的生活会显得相当枯燥和无味。

或许每一个人都曾有过被某一首音乐作品感动的经历。音乐是一种纯感觉性的东西，听音乐的时候喜欢听哪一类型的，就说明他在这一方面的感觉比较好，而这种感觉很多时候又是与一个人的性格息息相通的。

喜欢听古典音乐的人，多是一个理性比较强的人，他们在很多时候要比一般人懂得如何进行自我反省，自我沉淀，从而留下对自己非常重要的东西，将那些可有可无的，甚至是一些糟粕的东西抛弃。这样的人大多很孤独，很少有人能够真正地走入到他们的内心深处去了解和认识他们，所以音乐在一定程度上成了他们的伙伴。

喜欢摇滚乐的人，多是对社会不满，有些愤世嫉俗，他们需要依靠着以摇滚的形式来发泄自己心中的诸多情绪。他们会时常感到迷茫和不安，需要有一个人领导着逐渐地找回已经丧失或是正丧失的自我。他们很喜欢与一些志同道合的人交往，他们害怕孤单和寂寞。

喜欢乡村音乐的人，多是十分敏感的一种类型人，他们对一些问题常会表现出过分的关心，他们为人多较圆滑、世故和老练、沉稳，轻易不会动怒。他们的性格多较温和、亲切，攻击性欲望并不强。他们比较喜欢一种稳定和富足的生活。

喜欢爵士乐的人，其性格中感性化的成分往往要多于理性，他们做事很多时候都只是凭着自己的直觉出发，而忽略了客观的实际。他们喜欢自由的、无拘无束的生活，希望能够摆脱控制自己的一切。他们对生活往往是追求其丰富多彩，而讨厌一成不变的任何东西。他们的生活多是由很多不同的方面组成的，而这些方面又总是彼此互相矛盾着，从而给他们在表面上笼上了一层神秘的面纱，使他们在人前永远是魅力十足的。

喜欢歌剧的人，其性格中有很多比较传统、保守的成分，他们多是比较情绪化的人，但在大多数时候懂得控制自己的情绪，不会随便地发作。他们做事比较认真和负责，对自己很苛刻，总是要求表现出最好的一面，而努力做到尽善尽美。

喜欢背景音乐的人，他们的想象力是相当丰富的，而他们的生活态度却有点脱离现实而富于幻想，这就使他们有许多必然的失望。不过还好，他们比较善于自我调节，能够重新面对生活，只不过幻想并没有减少。他们的感觉是相当灵敏的，往往能够在不经意间捕捉到许多东西。他们乐于与人交往，哪怕是不相熟悉的人。

简单是流行音乐的主旨，这并不是说喜欢流行音乐的人都很简单，但至少他们在追求一种相对简单和自由自在的生活方式，而让自己轻松快乐一些。

情境音乐听起来清脆悦耳，可以让人产生愉快的心情。喜欢情境音乐的人，其大多都是比较内向的，他们渴望平静和安宁，而不受到其他人或事的干扰。

喜欢颓废音乐的人，多有自卑感，他们的性格从某种程度上来说是较矛盾的。他们讨厌一个人的孤独和寂寞，渴望与人交往，但他们又很难与人建立起相对良好的交往关系。在这种情况下，他们会产生一种很反叛的心理，颓废音乐正好使这种心理得到了满足。喜欢颓废音乐的人多崇尚暴力，有自我毁灭的倾向。

3. 由喜爱的舞蹈来知人

跳舞是人类最古老的一种沟通方式，它超越了所有的文化，是社会化过程中相当重要的一环。舞蹈就像语言一样，不断演进，同时反映出社会的价值和历史变迁。一个人跳舞的方式和喜爱的舞蹈，比说话更能透露出一个人的个性，这好比人可以用嘴撒一个谎，但是用跳舞来撒谎却是难上加难。

喜爱芭蕾舞的人，一般多有很强的耐心，能够以最大限度的忍耐性把一件事情完成。同时他们也很遵守纪律，具有一定的组织性，他们有一定的追求和理想，常会为自己设定下一些目标，然后努力地去完成它们。除此以外，他们的创造性也是很突出的，常会有一些与传统背道而驰的惊人之作。

喜欢跳踢踏舞的人，多精力充沛，表现欲望强烈，希望能够引起他人的注意。在遭遇挫折和磨难的时候，他们能够坚持下来，从而渡过难关。他们的时间观念比较强，时间对他们来说是宝贵的，不会轻易地浪费。而且他们的应变能力比较突出，在面对任何一件比较棘手的事情时，都能够保持沉着冷静，认真地思考应对的策略，懂得如何进退，以保全自己。

喜欢探戈的人，其多是不甘于平庸的，他们总是追求生活的丰富多彩，最好还要带有一些神秘性。他们很重视一个人的才华和素养，在他们认为，这可能是比其他任何东西都重要的。

华尔兹是一种相当优雅，平衡感十足的舞蹈，喜欢这种舞蹈的人，多是十分沉着稳重，为人比较亲切、随和，有一定的社会经验和阅历的人。他们精通各种礼仪，深谙人与人之间十分微妙的关系。所以在为人处世、待人接物等方面，经过时间的磨炼和自我的要求，他们总会表现得十分得体，恰到好处，在无形之中流露出一种成熟而又高贵的气质和魅力。

拉丁舞包括了森巴、恰恰、马林巴、亲波萨舞等等，喜爱这些舞蹈的人，多是精力充沛而又魅力十足的，他们有很强的自我表现欲望，希望能够吸引更多人的目光，而实际上，他们也会引起他人的关注。

喜欢跳摇滚舞的多是一些年轻人，毕竟这是一种需要耗费大量体力的舞蹈，人上了年纪，即使是喜欢，也有可能跳不了。无论是喜欢跳的还是只是喜欢而无法跳的，大多是充满了反叛思想行为的人。摇滚往往更容易使人发泄自己心中的任何不满情绪。喜爱跳摇滚舞的人，思想多是比较先进、前卫的，但这些先进、前卫的思想往往又很难被人接受理解，更不要说认可，所以说他们又是相当孤独的一群人。

喜欢跳交际舞的人，多很乐意与人交往，对人与人之间那种相对频繁和友好的互动关系更是情有独钟。他们在为人处世方面多是比较谨慎和小心的，而且具有较强的组织和创造能力。

爵士舞基本上来说是属于一种即兴的舞蹈，喜欢这种舞蹈的人，多具有较强的随机应变的能力。他们在为人处世方面多不拘小节，只要能说得过去就可以了，而且具有一定的幽默感，这种幽默感并不是故意表现出来的，而是一种机灵和智慧的自然流露，他们很喜欢和很多人在一起，但如果只是一个人也能够寻找和创造乐趣。

4. 从收藏的爱好来看人

有人喜欢收藏，为的是等待若干时日后升值；有的人收藏是为了提高个人修养，陶冶情操；有的人收藏为的是向别人炫耀，以显示其高雅脱俗，不同凡响；也有的人收藏是为了怀念过去……收藏品五花八门，收藏者的性格也就各具特色。根据专家的说法，从一个人所收集的收藏品可以了解到这个人的性格。

重视象征荣誉物品的人，通常是对自己的现况不满，总认为自己曾经的辉煌不应该那么快地湮灭，自己应该继续享受荣誉和鲜花；这种人意识不到"长江后浪推前浪"的关键作用，所以只能依靠回忆过去的光荣历史来抚慰自己的心灵。

收集书籍、杂志和报纸的人，有学识和上进心，喜欢在家里享受看书的乐趣，一人独处，自得其乐。藏书虽多，资料丰富，但大多数都已经过时，没有了使用价值，但他们依然想凭借这些来显示自己的博学，所以在实际生活中总是比别人落后半拍。

收集照片、明信片的人，喜欢回忆过去欢乐的情景，相片为他们和记忆中的人或景拉近了距离，使旧感情更加浓郁。向别人展示相片，也是向对方介绍自己的一种方式，而他们只需指点几下就够了。把自己的人生当成一场戏，自编自演兼摄像，努力塑造完美，欣赏结果，更接受一切。尽管对这本相册依依不舍，但未来的路和美好的愿望会使他们备好一本更精美的相册。

喜爱收集（旧）衣服饰物的人，大都爱打扮，喜欢挥霍，想通过外表使自己成为众人瞩目的焦点。喜欢收集旧款式衣物的人坚信自己的收藏品会再度流行起来，这是他们不可动摇的理由。保留了旧衣物，与之如影随形的观念和思想也就无法根除干净了，而倔强的他们时刻相信它们会再度流行，到时不但省钱省力，更走到了大众的前头，会被称为高瞻远瞩。

收集艺术品、古董的人，因为艺术品和古董往往代表高雅、博学，更是财富的象征，表明收集者比较注重自己的社会地位和身份；由于收藏品的档次和价值是收藏者之间品位和目光的较量，所以他们的好胜心都很强。

收集旅游纪念品的人，由于受收藏品的特性所决定，他们不断地追求新鲜、奇特和怪异，并具有探幽索隐的勇气；为了追求令自己满意的藏品，他们乐于冒险，敢于出入高山野岭、荒漠戈壁，结果天南地北都留下了他们的旅行足迹。

收藏玩具的人，善于满足，知道分寸，家里是他们最快乐的场所，宁静安逸的生活是他们莫大的享受；他们留恋过去，对曾经拥有过的一切感到自豪，并极力保存于记忆当中，总是用一颗幼稚的心激起兴奋和幸福；他们追求的，就是年轻，总是想方设法保持快乐，例如和孩子一起玩，给他们买玩具。

收集旧票据的人，有很强的组织和领导能力，心细，办事条理清楚，按部就班，但是他们的精力大部分浪费在无用的细节与没有意义的过程当中，有时候觉得是未雨绸缪，实则是杞人忧天，因为他们担心的危险出现的机会实在是太渺茫了。他们偶尔也有寻找刺激的念头，但考虑到众多的细节总是无法行动起来，所以他们的生活几乎是一成不变的。

5. 从所养宠物来看人

小的时候，我们会像一个成年人那样呵护自己的宠物；长大后，由于工作繁忙，我们只能看小朋友为了争夺宠物而又哭又闹；到了退休的年龄，又像孩提时那样照顾自己的宠物。养宠物是一种休闲方式，喜好不同，宠物自然相差悬殊，但是从心理学角度来看，不难发现其中一个共性，那就是通过人们喜爱的宠物通常可以看出他们的真实性格。

喜欢养猫的人，崇尚独立自主，讨厌随便附和，直来直去，从来不委曲求全，言不由衷。他们内向，喜欢宁静和恬淡，抑制感情流露，很少有人能进入他们的内心世界；严于律己，不喜欢随随便便，让人感觉不到热情和活力，有时难免矫揉造作，所以人缘通常很糟糕。

喜欢养狗的人，随和温顺，显得很亲切，但他们好随波逐流，总是顺着他人的想法去做事。他们外向，不喜欢寂寞孤独，整天嘻嘻哈哈，与左邻右舍关系融洽；交际能力出众，爽快开朗，人情味浓，胸无城府，坦荡直接，真实想法会立即从脸上或行为举止当中显现出来。另外，喜欢狮子狗的人性情活泼好动，像个大孩子；喜欢牧羊犬的人虚荣心较重，有喜欢炫耀自己与众不同的倾向；喜欢贵族狗的人肯定家境殷实，且事业一帆风顺；喜欢收留流浪狗的人，富有同情心，而且小时候有过被歧视虐待的经历。

喜欢养鸟的人，性格细腻，心胸狭隘，同时会精心地打点属于自己的空间。不喜欢烦琐的人际关系，交际能力差，性格孤僻。养鸟使他们自娱自乐，帮助他们打发多余的时间和寂寞，鸟成为生活中不可或缺的伙伴。

喜欢养鱼的人，有生活情趣，是个充满自信的乐天派，对事业和生活没有过高的奢求，只想平平安安度过每一天。有人说他们胸无大志，但一生快乐却也令人羡慕。

6. 从所读之书来看人

“书上自有颜如玉，书中自有黄金屋。”读书人生最大的乐趣。不同的人所读之书的种类与方式也会有所不同。所以说，我们通过一个人所读之书可以看透这个人的性格特点及心理特征。

被戏称为“书虫”的人，几乎全部属于内向型的人。此处所称的书本乃是指专业类的书籍，并非是漫画书或杂志之类消遣的书。

内向型的人们喜好的书本种类很多，尤其是偏好纯文学，或富有哲理的书籍，每逢碰到某种问题或者烦恼时，他就会到书店物色可以解决问题的书籍，不管对于什么事情，他都要自己静悄悄地调查，试着从书中寻找解决问题的线索。

他们的读书方式也非常特别，不仅要看过每一行每一个字，甚至还要找出字里行间的暗喻。例如他们在阅读《战争与和平》那种长篇小说时，他们不会一扫而过，必定坐下来，仔细地阅读。碰到他喜欢的章节，或者难以理解的段落时，他们都会重复阅读好多遍，当然也就会耗费相当的时间。正因为阅读对他们来说是一件乐事，所以他们也就不在乎耗费多少时间了。

以上，只重点举出了内向型的种种兴趣，说实在的，他们的内心世界既丰富又多彩。他们之中有很多人对文学、音乐、戏剧、美术等的造诣很深，甚至叫专家感到惊讶。他们研究任何事情都很彻底，不会在半途就放弃不干。

除此以外，内向型人中喜欢摔跤、象棋、旅行、烹饪的人，也比外向型的人多。

那么，外向型的人又有什么兴趣呢？可以说，他们中的许多人属于“没有特定兴趣的人”。

问及外向型的人有什么兴趣时，他们多数人会一时为之语塞，经过了一段时间的思考以后，方才会支吾地说：“可能是运动吧？”或者“看看足球比赛……懊……不不……我想是看电影……”因为他们无法把游乐跟休闲活动区分开来。

外向型的人感觉“看”比“阅读”更能叫他们感到快乐。他们喜欢阅读较为轻松的书，尤其是佳评潮涌的书本以及畅销书，那种“因为别人在阅读，我也跟着阅读”的倾向很强。

外向型的人阅读起来很快速，尤其是看小说，他会犹如囫囵吞枣般地一口气读完。有些人为了急于知道结果，竟然先从结尾读起，一旦他们感到不精彩的话，立刻就会把书扔在一旁。

正因为具有这种特征，他们一般都对纯文学以及长篇小说不感兴趣，而类似纪实性的小说，比较能够获得他们的青睐。

同时，他们也喜欢购买“如何……”之类的书籍，不过，只阅读必要的部分，他们认为只要得到实用的知识就可以了。

诸如这般，外向型的人多数喜欢把书本当成打发时间的娱乐工具，不然就是把它当成实用的书使用。

当然有些外向型的人也具备内向型者的兴趣，但总是不能持久，总而言之，别人所搞的事情，他们也会跟着搞，但是不能长久持续下去。

其实，外向型当中也有执著性格的典型，这种人做起事情来一丝不苟，做事有始有终，不过对他们来说，与其说是兴趣，不如说是工作或者训练比较恰当一些。他们在从事某一项工作或业余爱好时，缺乏那种悠然自得的气氛，即使是兴趣，也免不了成为他们计算得失的对象。

所谓兴趣，必须撇开金钱方面的得失计算，方能够成立。利益跟兴趣是格格不入的两回事情，以这一点来说，外向型的人就很难办到了。就以他们打高尔夫球为例，是为了交际着想，是为想保持良好人际关系的手段，跟酒席宴席具有同样的效果，或许他们自以为那也是一种兴趣。

内向型的人认为兴趣纯粹是为了自己而做的事情，是自己要享乐的，他们不介意耗费多少时间，懂得以悠然自得的心情享受它。

相反的，外向型的人多数在有某种必要的情况之下，或者在友辈的怂恿之下，方才培养所谓的兴趣。就算他们自发地从事某种兴趣，但兴趣的范围往往较大，常常交换，以致到头来，什么兴趣也“抓”不到一个。

见异思迁乃是外向型的特征，不管是多么喜欢的事情，极少能够使他们维持一生而不变。对于什么事情，他们都能够做得叫人称心满意，但遗憾的是——易热也易冷，到头来，什么也不会坚持下来，这是因为他们想要的东西太多的缘故。

7. 热衷登山的性格

当你问一个将要度假的人，希望从事何种消遣时，如果他以登山回答的话，那么，你就可以判断他为内向型的人。

所谓的登山者也有好多种，像带着一些伙伴，驱车到小山丘，哼着歌儿爬一小段山路的人，几乎都是外向型的人。

自诩为“山之子”的山岳爱好者，经常组队向岩壁挑战，以攀登、征服人烟罕见、人力难及的险峻高峰为目标。他们对大自然的态度也不同于外向型的人，对于大自然的险峻、严酷以及美丽，他们又爱又恐惧，虽然敢于对它挑战，但是，始终不把它当成享乐的休闲对象，他们一向以真挚的态度对待那些山岳。

一般说来，内向型的人比较能够适应大自然严酷的环境，探险家不用说，就是登山者也几乎都是内向型的人，他们并不惧怕严冬时期的露营。

至于外向型的人呢，固然喜欢假日时住在山野中的大饭店，但是偶尔住了一次标高1000米以上的山中小屋以后，下次他再也不敢领教了，他认为搭乘直升机从上往向下看更叫人开怀。

真正名副其实的“山之子”，不仅抗拒不了山峰险峻的诱惑，他们也热爱着高山植物、虫鸟、溪流声、冰河等等山峰拥有的自然景观。当他背着沉重的旅行袋，被问及“你到底要爬几次才过瘾”时，他只会回答：“因为那儿有我喜欢的一座山呀……”这一类人几乎毫无例外地，都属于对自己也相当苛求的内向型人。

外向型的人说“我也喜欢山岳”，这时你不妨认为——充其量，他只喜欢到那种能够吃野餐的小山丘罢了。

8. 电脑迷是内向型之人

到了科技挂帅的时代，电脑已经被众多阶层的人视为身边最有用的工具，如今，几乎每一个业务员都懂得利用电脑。

一般说来，外向型的人由于性格方面的特点，并不太适合于使用电脑，就算他也跟一般人使用电脑，但却不会迷上它。

相比之下，内向型的人喜欢井然有序的事物，而且，他们在数字与机械方面的能力很强，所以学起电脑一点也不会感到困难。

不仅如此，对于电脑千篇一律的应答，内向型的人会感到安心与信赖。因为与人类比起来，电脑更实在，每次都能够获得期待的解答，绝对不致落空。而且电脑绝对不会撒谎，任何问题都能给予忠实的回答。

更难能可贵的是，电脑绝对不会要脾气，它会完全按照对方的意思，井然有序地完成程式运算，同时完全不会有差错。那些把电脑带回家，完完全全变成电脑迷的人，乃是典型的内向型之人。

外向型的人认为单调的作业程序十分烦琐，那种要求严格、没有通融余地的机械式工作，非常不适合于他们。

对外向型的人来说，充其量只能把它当成电子玩具，借此打发无聊的时间罢了，一旦必须在工作方面应用，他们就会尽量地避开电脑。

就算外向型的人具有这方面的才能，但是，对于需要耐心与缜密思考力的软件制作方面来说，没有比内向型的人更适合了。

那些对电脑具有浓厚趣味的人，九成以上属于内向型的人。

除此以外，像电子作业、制造模型飞机，以及喜欢摄影，喜欢录放影机、音响设备的人，一向以内向型的人占多数。那些声称“别人那样做，我也就跟着做……”的外向型之人，纵然一时热衷，但是，通常都不会持久。

9. 从他的旅游爱好看人

旅游是一种集吃、喝、玩、乐、行于一体的综合性消遣活动，可以锻炼体质，增长见识，拓展交际，更可以实现游遍祖国神州的美好愿望，为自己的人生增添不尽的色彩。心理学家研究发现，人们喜爱的旅游方式，与他们潜在的性格有着千丝万缕的联系，如果你想要了解自己或身边人的真实性格，下面的内容将助你一臂之力。

喜欢访亲探友的人，讲究诚实守信，注重情感友谊，这为他们赢得了非常广泛的友谊和帮助；在探访朋友或亲戚的时候，他们会获得极大的快乐与满足，因为他人的热情款待证实了他们的努力没有付诸东流，他们是成功的。

喜欢大海和海滩的人，保守、传统，心事较重，不愿暴露内心的真实情感，独处一室享受自己的空间是他们莫大的心愿。不热中人际交往，无论是对朋友还是事业伙伴；由于有责任心而成为好父母，子女会得到他们莫大的关爱和无微不至的照顾。

喜欢露营的人，性格当中保守的东西还很多，推崇传统伦理观念，严格按照崇高的道德标准行事，一举一动都会吸引大众的目光，具有很高的道德素质；他们拥护独立，不喜欢受到长辈的庇护和约束；想象力丰富，能够化平凡为神奇，有着讲究实际的人生观；对待他人不卑不亢，有明确的交往之道。

喜欢自然景致的人，追求无拘无束，向往轻松自在，受约束的生活和一成不变的工作常常令他们苦不堪言，他们渴望眼前的工作马上换为宜人的风景；有活力，有激情，干什么都得心应手，有着丰富的想象力，追求生活中的新思想或新事物是他们毕生的愿望，并且能够对自己的人生负起责任。

喜欢出境游的人，比较时尚，而且站在了时代潮流的最前沿；喜欢求变，对新鲜事物怀有深情，对人生充满信心；乐观向上，生活中的压力经常在谈笑风生之中化为乌有，总是过得潇潇洒洒，几乎可以随心所欲。

喜欢户外活动的人，不喜欢户内活动，但广阔的外部空间并不能激发他们的创造力和新奇的想象力；他们的追求和努力都是他人预先设计好的，只得到大汗淋漓的痛快；他们精力充沛，敢于迎接各种挑战，能够对自己的言谈举止认真对待，通常能得到很好的回报。

第八章

交际场上看穿人

1. 认识陌生人的方法

相传袁世凯有个特殊的本领，无论何人，只要他见过一次面，当第二次相见时即能说出对方的姓名。某学者与他曾有一面之缘，某次因事到“总统府”拜访袁世凯，袁世凯出来便直奔某学者，握手称某先生。当时座中候见的客人很多，但是袁世凯特别器重这位学者，破例亲自来请他入室相见。对于袁世凯能认得二次见面的客人，大家认为奇迹，当然这是袁世凯的记忆力辨认行为异于常人，究竟有何特别方法，就不得而知了。

若能够记牢对方的姓名，最容易让对方产生良好印象，这种本领，在交际场中，大有用处。大家对你十分熟悉，你偏叫不出他的姓名，虽然可以用含糊的方法敷衍过去，但心里终究觉得不安，有时因为地位的关系，你应该先招呼他，而他却不便先招呼你，你如记不起他的姓名，不去招呼他，他会误认你是自大傲慢、目中无人，这就不妙了。所以你要在交际场中占到优势，熟记对方的姓名，是一件必不可少的功夫。

有的老师所以能够在初见面就叫出对方的姓名，其实并没有什么神秘方法。他是预先做一种别人不肯做的功课，就是把学生的照片反复辨认，把许多相片，作为一本有趣味的新书读，连续几天，把所有的照片都全部读熟，每个人的面貌，都印入他的脑子里，所以一见如故，不待问明姓名便可很自然地叫出对方姓名，使他人不由得大吃一惊。但是普通人通常不肯下这种烦琐而乏味的功夫。你要熟记陌生人的姓名，从照片上认识相貌，同时与姓名一齐熟记，是容易办到的事。比方有一张团体照片，你有意熟记照片上的人，相信每天只要花十分钟功夫，不到三五天就可以完全认识。国家的大小首领，世界有名的人物，凡是看见过几次他的照片的，谁都能指出这是某人，那是某人，这样一看，熟记陌生人的姓名，不是很平常的事吗？

如果你所遇见的人，没有照片，那么预读照片的办法便无法应用了。这时你不妨用见面的机会，细细辨认一下，他的身体有什么特征，比方身材特别高，是个彪形大汉，这是特征；身体细长，像个电线杆，也是特征；双目明亮，或细如鼠目，也是特征；口特别大，鼻子特别高，也是特征；头上秃顶，也是特征；走起路来，一拐一拐，还是特征；双耳招风的，同样是特征。人都有特征，有的人其特征还不止一种，你把他的特征，作为新奇事物看，同时与他的姓名连在一起，在短促时间内一再反复辨认，就自然会记得很熟了。

不过还有一点必须注意，在做辨认功夫时，态度必须自然，不要显出正在辨认的神情，使对方察觉。这当然也要有相当的小聪明，双目盯牢，端详不已，有失体统。尤其是对于女性，这种动作就足以使对方面泛红晕，局促不安了。

2. 握手看人心

握手，是现代社会中人与人交往一种较为普遍的礼节。只是一握，但这其中却也有很大的学问。有专家研究表明，握手可以反映出一个人的很多信息。通过握手的方式也可以观察出一个的性格特征。

握手时的力量很大，甚至让对方有疼痛的感觉，这种人多是逞强而又自负的。但这种握手的方式在一定程度上又说明了握手者的内心比较真诚和煽情。同时，他们的性格也是坦率而又坚强的。

握手时显得不甚积极主动，手臂呈弯曲状态，并往自身贴近，这种人多是小心谨慎，封闭保守的。

握手时只是轻轻的一接触，握得不紧也没有力量，这种人多属于内向型人，他们时常悲观，情绪低落。

握手时显得迟疑，多是在对方伸出手以后，自己犹豫一会儿，才慢慢地把手递过去。排除掉一些特殊的情况以外，在握手时有这种表现的人，性格多内向，且缺少判断力，不够果断。

不把握手当成表示友好的一种方式，而把它看成是例行的公事，这表明此种人做事草率，缺乏足够的诚意，并不值得深交。

一个人握着另外一个人的手，握了很长的时间还没有收回，这是一种测验支配力的方法。如果其中一个人先把手抽出、收回，说明他没有另外一个人有耐力。相反，另外一个人若先抽出、收回手，则说明他的耐心不够。总之，谁能坚持到最后，谁胜算的把握就大一些。

虽然在与人接触时，把对方的手握得很紧，但只握一下就马上拿开了。这样的人在与人交往中多能够很好地处理各种关系，与每个人都好像很友善，可以做到游刃有余。但这可能只是一种外表的假象，其实在内心里他们是非常多疑的，他们不会轻易地相信任何一个人，即使别人是非常真诚和友好的，他们也会加倍地提防、小心。

在握手时，非常紧张，掌心有些潮湿的人，在外表上，他们的表现冷淡、漠然，非常平静，一副泰然自若的样子，但是他们的内心却是非常的不平静。只是他们懂得用各种方法，比如说语言、姿势等来掩饰自己内心的不安，避免暴露一些缺点和弱点。他们看起来是一副非常坚强的样子，所以在他人眼里，他们就是一个强人。在比较危难的时候，人们可能会把他们当成是一颗救星，但实际上，他们也非常慌乱，甚至比他人还要严重。

握手时显得没有一点力气，好像只是为了应付一件不得不做的事情，而被迫去做的。他们在大多数时候并不是十分坚强，甚至是很软弱的。他们做事缺乏果断、利落的干劲和魄力，而显得犹豫不决。他们希望自己能够引起他人的注意，可实际上，其他人往往在很短的时间内就会将他们忘记。

用双手和别人握手的人，大多是相当热情的，有时甚至热情过了火，让人觉得无法接受。他们大多不习惯于受到某种约束和限制，而喜欢自由自在，按照自己的意愿生活。他们有反传统的叛逆性格，不太注重礼仪、社交等各方面的规矩。他们在很多时候是不太拘于小节的，只要能说得过去就可以了。

把别人的手推回去的人，他们大多都有较强的自我防御心理。他们常常感到缺少安全感，所以时刻都在做着准备，在别人还没有出击但有这方面倾向之前，自己先给予有力的回击，占据主动。他们不会轻易地让谁真正地了解自己，如果是这样，使他们的不安全感更加强烈。他们之所以这样，在很大程度上是由于自卑心理在作怪。他们不会去接近别人，也不会允许别人轻易接近自己。

像虎头钳一样紧握着对方的手的人，在绝大多数时候都显得冷淡、漠然，有时甚至是残酷。他们希望自己能够征服别人、领导别人，但他们会巧妙地隐藏自己的这种想法，而是运用一些策略和技巧，在自然而然中达到自己的目的。

3. 看人微笑，透视内心

笑是人表达情感的一种方式，无论是哪一种笑，它的背后都有极高的含金量，由笑的不同方式而识别一个人的内心动态，是最省事、最直接的方法。在笑的范畴之内，人们最为推崇的乃是“微笑”。

波拿多·奥巴斯朵丽在《如何消除内心的恐惧》中说：“你向对方微笑，对方也报以微笑，他用微笑告诉你，你让他体验到了幸福感。由于你向他微笑，使他觉得自己是一个受别人欢迎的人，所以他也会向你报以微笑。换言之，你的微笑使你感到了自己的价值地位。”

于是有人把微笑这一“体语”比喻为交际中的“通用货币”，人人都能付出，人人也都能接受。

然而在微笑背后依然藏着许多秘密。

除了微笑之外，人们习惯上还有几种笑的方式：

偷笑。这是很低的笑声，时间不长，有时别人未必听得到。这表示说：“你常常看到一件事情的有趣一面，而别人未必看得到。别人喜欢你，因为你容易相处。”

鼻笑。这是从鼻子里哼出来的，因为你要忍住笑，便忍进了鼻子。这表示说：“你倾向忍笑显示你为人怕羞，不想让他人注意，你同时也是谦虚体贴的，喜欢按本本办事，你很重视他人的感觉，而他人也会喜欢你的细心。”

普通的笑。这一类笑平常，不特别，不会太大声，显示这个人喜欢群众。这表示说："你很努力但不争功，你很有耐性，心地好而可靠，是一位非常好的朋友。"

轻蔑的笑。笑时鼻子向天，神情轻蔑，往往是人在笑他也不笑，或只略笑几声。这表示说："你看不起每一个人，这其实是自卑感作怪，要把他人压低而抬高自己，你不会有很多朋友。"

紧张的笑。笑时慌张，忽然停止，看看别人继续笑便也笑。这表示说："这也是自卑的表现，缺乏自信心，笑也怕笑得不对，怕人笑你笑。你应改变一下自己，用不着太担心别人对你的看法，人是有权笑的，即使别人不觉得好笑，你也有权觉得好笑！"

此外，有一种人一笑就掩口，这也是因自卑感，不过有不同情况，可能只是因自己的牙齿不好看或自知口臭。但如没有这两种毛病，就是发自内心的自卑，与紧张的笑相同。

那么，如何辨别微笑这一"交际货币"的真伪呢?

专门从事微笑研究的科学家一语道破了其中的奥秘：虚伪的微笑存在两大无可掩饰的"秘密"。

首先，真实的微笑应该包括两组肌肉的运动，一组是将嘴角往上牵动的颧骨肌；另一组是环绕眼睛的括约肌。由于大多数人不能自觉地牵动这些眼部肌肉，因此假笑者只能牵动嘴角，眼睛却是无动于衷的。

其次，"秘密"是假笑者的笑脸出现不对称的现象。一般来说，他如果是一个左撇子，则他的右半脸肌肉反应特别强烈，而如果不是左撇子，那么他的左半脸会尤其做戏。

其实，真笑和假笑在婴儿时期就表演得清清楚楚了，一个5个月的婴儿就能用两组肌肉群对他母亲发出会心的微笑，但对一个完全陌生的人却只运用颧骨肌微笑了。

复杂而多样化的微笑，蕴藏着很多性格——意味深长的众多信息，值得我们去加以探索。感到悲哀的冷清笑容可以从外向型人的脸孔看到。例如外向型中最认真的“执着性格”之人，当努力变成泡影，遭遇挫折时，他就会垂下双肩幽幽地笑起来，这时的他已经进入“忧郁状态”。在这种场合里，他将跟内向型的人一样，陷入自闭的境地，即使连笑容也显得卑微，“拒绝上班”就是典型的例子。

反过来说，也有一种又热闹、又夸张的歇斯底里式笑容，声调很高、很夸张、旁若无人，乃是歇斯底里性格者特有的戏剧性笑容。这种笑容会引起周围人的关心，然而，那绝不是叫人感到温暖或者愉快的笑容，而是一种阴险的冷嘲。

外向型性格的人最大特征是，每当快乐时，根本就不在乎周围有什么人，立刻发出愉快的笑声，喜形于色，那是爽朗而“不客气”的笑。

外向型的人，希望周围的人知道他的高兴，很自然地就会笑容满面。相反的，悲哀时，他也会毫不掩饰地哭泣。

总而言之，一个人喜怒哀乐的感情动向，会很自然地展现于脸上。

大体上来说，性格外向的人以爽快而明朗的心态居多，所以时常面带笑容，即使别人感到悲伤时，他也会满面笑容地安慰对方。

虽然说内向型的人很少有笑容，但是，他们还是有自然地笑出来的时候；但那是很脆弱而缺乏自信的笑，是类似自嘲，又有点像自虐的笑容；也是一种缺乏生气，仿佛看透了某种东西似的，对人生感到疲惫的笑容。

性格外向的人很容易跟别人打成一片，因此，他们能够配合绝佳的时机附和着对方欢笑。正因为他们不隐藏感情，率直地表现自己的内心，表情自然就会很丰富。只要看他的脸孔，就不难知道他的心态，所以很容易为别人所理解，同时，他也是一种很好相处的人。

笑的方式有好多种，性格外向的人爽朗笑容是属于单纯而明快的类型，至于内向型的笑容则相当复杂，而且以不明确者居多。

最明显者为假笑。他的脸虽然在笑，但是眼睛却没有笑，心中也丝毫没笑，像戴着假面具的笑，这类笑有对自我、对对方嘲笑式的笑容，空笑、假笑，令人莫名其妙的笑，以及充满妄谵意味的笑。

总而言之，这是一种缺乏内容的笑容，有时笑声高而尖锐，有时则是吃吃地笑，音量低得叫人几乎听不到声音，一言以蔽之，那是孤独而冷漠的笑容。

每当大伙儿很快乐地笑成一堆时，内向型的人几乎都会发出这种空笑，那并不是附和周围的笑声，而是对人际关系感到不安时，为了掩饰自己的紧张，不得已而勉强挤出来的笑容。

比起外向型的人来说，内向型的笑容比较少。就算他们有任何的喜事，他们也认为——不必让没关系的人知道，甚至可以说，他们具有一种隐藏自我的防卫意识。

4. 交际识人有妙法

“若要在人际交往中获得成功，如何倾听对方的谈话才是最关键的。”倾听对方的谈话“不仅用耳，还应努力用眼、肩、脸或手去听话”。

要知道梨子的滋味，就要亲口尝一尝；要了解你身边的人，就要和他谈一谈。这一谈就很容易对他有一个比较准确的了解，而一旦了解他的人物类型，就更容易对症下药了。

有一种人以自身性格为标准去衡量与之交际的人。他们对自己的一言一行控制得很严，个人的一切行为都要经过理性的审查，对自己简直是个冷酷的法官。他们不轻易流露内心的秘密，不苟言笑，不让自己的情绪随便发泄，同时用对己的标准要求别人。这种人恪守信用，遵守社会道德规范，用自己的真才实学与人竞争。但在交往中会无意识地表现出发号施令、指挥别人的倾向，总希望左右社交的局面。这种类型的人在交际中具有隐蔽和竞争的特点。对于这种人，可采用主动出击，直截了当的方法获得好感。例如，德国教育家费希特想研究康德哲学，可是，他又知道康德是一个异常冷漠的人，于是就下决心埋头一个月，写了一篇论文，附信送给康德。信中说：“我是为了拜谒自己最崇拜的大哲学家而来的，但仔细一想，对本身是否具有这种资格都未审慎考虑，感到万分抱歉。虽然我也可以索求其他名人函介，但我决心毛遂自荐，这篇论文就是我自己的介绍信。”康德一看，文章写得很好，便亲自复信请费希特前来一起探讨学问。

一位心理学家曾说：“若要在人际交往中获得成功，如何倾听对方的谈话才是最关键的。”倾听对方的谈话“不仅用耳，还应努力用眼、肩、脸或手去听话。”揣测对方所追求和所期待的内容。

不少推销员，在与顾客面谈时都擅长自我推销，然而有不少人却不懂得如何去倾听顾客的谈话。从而理解对方的心理。

善于倾听对方谈话的推销员，在如何让对方去听自己的谈话这一点上，也颇下功夫。

“面谈术”中最关键的，也可说是“倾听法”。如果对方很繁忙，或根本对自己的谈话毫无兴趣，“令对方去听的方法”“听他人谈话的方法”等技术，便很重要了。

人通常会因一点小事而失去对他人的信任。某心理学家曾经让提出离婚者举出离婚的原因，据说真正的原因很少是性格不合彼此之间已没有爱情，多数是生活细微小事不满的累积，而走上离婚的不归路。譬如，不满意对方早晨用完牙膏后，忘记盖上牙膏的盖子；用餐时看报纸，把烟灰弹在橘子皮内等琐事。

相反地，人也会因鸡毛蒜皮的琐事，而获得对方的信赖。

一位心理学家也是评论家，就曾以奇妙的方法获得某出版社总编辑的信赖。某天，那位总编辑向其要求，希望出版他在报纸连载的评论集。但是，总编辑所提出的稿费出奇地少。于是评论家说：

“我有一个建议，把这个硬币扔出去，如果停在正面则让你不付稿费出版那个评论集。但是，如果是反面则请支付你刚才所说的稿费的两倍。”

硬币掷出后停在正面。于是他承诺不拿一分稿费而由出版社出版该评论集。

这个结果虽然使他暂时蒙受损失，但此后那位总编辑对他的信赖日增，一再优惠为其出版新书。

与著名人士或公司的董事长会面，并不是一件容易的事。打电话，可能在秘书那儿即断了线。用书信接触，在每天众多的信函里，对方很少有亲眼看到的机会。该怎么办呢？先别打退堂鼓。

50多年前，有一名美国青年希望到某报社就职，他百般思索如何让对方阅读自己的信函，结果想到一个妙招，他在信封上用红笔写了“危险”两字，终于获得面谈的机会。

数年前推销百科全书在美国流行一时，当时的推销员中，有不少擅长制造拜访顾客契机的高手。他们会在事前先以电话客气地询问对方是否方便，随后在交谈中制造一些气氛，引起对方莫大的兴趣后使之希望深入详谈。

他们所共通之处，是绝口不说“推销”二字。一般的说法是“我不是要您买书”。譬如，对方是中小企业的董事长，则会以下列的方式打电话推销。

“我叫×××。美国百科全书在纽约的总公司特别交代，务必与董事长您见一次面，因此想询问董事长您时间上方便与否？”

如果是以往的推销员大部分会直接拜访该董事长，并明白表示自己是百科全书的推销员，热心做商品的宣传。

据说只要在电话中做如此简单的陈述，有60%的人会想一探究竟。以心理学的观点而言，这番话具有以下的效果：

从这番话，不会令人觉得叫做×××的人是一位推销，甚至令人误以为是公司的某位要员。

两次提到董事长的称呼。这可以唤起对方的领导意识。

“纽约总公司”、“特别向董事长您”之类的表现，令该中小企业的董事长，对于是否能提高公司利益感到关心。

如果对方是大人物或很难与之会晤的人，必须留意以下各点：

（1）对这位人物从全方面展开调查，彻底摸清他的底牌。

（2）不为自己的工作利益布局，而是给对方带来使其获利的印象。

（3）给对方留下与自己会晤、提高自己社会信用度的机会。

（4）引起不同一般的反应，但绝不丧失诚意。

5. 冷静观察识人心

在现实生活中每个人，总是无时无刻不承受着来自各方面的威胁。这当中绝大多数是隐性的，都是你很难体察到的，而且多数来自于你的同僚。许多同僚对你的态度很和顺，有说有笑，你甚至把他们当做了自己最亲近的人，把自己的所有情况，甚至包括欢乐和悲伤，喜好和憎恶，都毫无保留地告诉了他们。但是，这些人往往并不会对你抱以真心，反而透彻明晰地了解你，而后洞悉你的弱点并作为打垮你的利器，从而把作为他们的潜在威胁的你清除掉，这才是他们的目的。所有的一切都是一个圈套，直到你被打得落花流水，地位全无，到这时，你才会如梦初醒。

围绕在你周围的有很多人，都表现得对你非常友善，肝胆相照，并且信誓旦旦地要和你一起合作，共同创造一片新天地。而对这种情况，你也许会无所适从，因为你无法确定哪一个是真的，哪一个是假的。但是，如果你真正地观察体验，真假还是很容易鉴别出来的：

（1）对方在倾听你的诉说的时候是报以真诚的同情和感慨呢，还是目光闪烁，有时出现若有所思的样子呢？如果是后者，那么对方很可能是一个居心叵测的人。当然，这需要你去仔细观察他的言行并注视他的眼睛。

（2）仔细地回想一下，当你有意无意地想结束自己倾诉的时候，他是不是很巧妙地利用一些隐蔽性极强的问题重新打开你的话匣子呢？而且，你随后所说的内容又恰恰是容易被别人利用的东西。

（3）如果你偶然得知有人总是在不经意之中向你所亲近的人打听一些有关于你的消息，那么你最好疏远他们。

（4）有些笑容并不是很自然，而像是从脸皮上挤出来的。有时你觉得并没有丝毫可笑的地方，而对方却能够笑起来，这种人也要适当地多加小心注意。

（5）如果有些东西你觉得实在忍不住，不吐不快，那么你要尽量找一个自己亲近的人诉说一番，比如你的父母、妻子甚至孩子。这会缓解你心中的郁结，减少情绪上的大起大落。

由于人际关系上的原因，使不少英雄饮恨终身，让千古佳人流落塞外，而这其中的原因，可能是相信第二手材料造成的。

战国时，赵王想重新启用客居魏国的老将廉颇，便派使者去考察一下“颇尚可用否”。不料老将军有一个名叫郭开的仇人，“多与使者金，令毁之。”史载：“颇见使者，一饭斗米，肉十斤，披甲上马，以示可用。使者还报曰：‘廉将军老，尚善饭，然与臣坐，顷之三遗矢矣。’王遂不召。”一代名将，就因为考察者谎报他不服老，“硬撑着多吃了几碗饭，不一会就上了三次厕所”，而失去了报国的最后机会。该使者“毁”技之高超，堪令后人战栗。

汉元帝选美，苦于没有现代化的摄影和录像技术，只好派画工去民间将“候选女”的标准像画来评选。王昭君洁身自好，不肯向索贿的画工毛延寿奉纳“润笔费”，毛延寿就在她的面庞上点上了一颗“克夫落泪痣”，把一副歪曲了的昭君形象的丹青献于元帝，致使王昭君这位胸怀爱国之情的美女“久居宫中人未识”，后又被迫“外流”——出塞和番。

而在现代生活中，你随时都要面对着各种人，如何与这些人相处，怎样了解他们是何种性格的人，是摆在你面前的首要问题。

交换名片，是彼此传达身份的一种手段。

但是有的人即使在非正式的场合中，也喜欢递出名片，在公共汽车上、小吃店偶然邂逅朋友、熟人，也要拿出一张名片，甚至到酒吧喝酒时，都不忘给服务员名片。

这些人动不动就拿出自己的名片是因为他们在评价对方时，很易受对方的工作、职位或学历等所左右，由于这种心理的投射作用，也喜欢在名片上印自己喜欢的、认为别人会对他另眼相看的各式头衔。当他们拿出名片交给对方时，便判断对方一定也会把自己捧得高高在上。但事实上人并不都是用头衔来判断一个人。相反的，他们这种举动反而更容易让别人发现他潜藏于心的自卑感。

常见有人喜欢向同事问东问西，而其询问的内容不外乎是与自己有关的事情或人。这是因为这些人无法适应自己的工作环境，如果要适应的话，他们就必须使自己的价值观和生活方式与环境协调，才能使自己安心。当然他们也有志成为其中的一员，但徒有心，却无法付诸实行，在心有余而力不足的情形下，自己的理想和现实产生差距，这种差距就造成了自卑感。只要一触及自身这类较敏感的问题，他们就会感到强烈的不安。

有的人常喜欢毛遂自荐，即使明知自己无法胜任，他们也硬要推销自己。但有的人却恰好相反，明明有个让他们一展才华的机会，却退缩迟疑。后者这种看似谦虚的美德，实际上是源于他们害怕暴露自己的弱点，因此非常矛盾。

由于感受到现实与理想的差距，禁不起考验就会认定有许多困难存在，有这种意识，就造成了畏缩的行为。

行事认真的人，也许办事的速度不快，但由于他们不会敷衍了事、半途而废，所以完成的工作，定能博得他人的信赖。

有的人办事虽认真，但是喜欢吹毛求疵，这就有点过犹不及了。办事过于认真的人，从办公室的桌子就可以看出，他们的桌子总是摆放得整齐规矩。若有人趁他不在时，顺手借用他桌上的东西，即使过后再放回桌上，他一眼就能看出东西有人动过，会很不高兴地表现出来。这种行为，除了会令周围的人神经紧张外，他自己也为此而苦恼。

这些人很清楚自己过于认真的行为并不合乎常理。若从单纯角度来看，一定会认为既然他自己也知道不合理，只要改正不就好了？可是问题是他们根本无法改变自己，如果他们中止了这些行为，便会失去平衡。

这种行为，是心理学上典型的“强迫观念”，有这种行为的人，常给别人一种神经质的印象。

有拒绝上学倾向的孩子，一旦远离了父母的保护，成长为有自我判断力的社会人后，通常会以较宽容的态度对待自己、对待别人。但此时另一种被人忽略，类似学生的拒绝上学症的心理出现了——拒绝上班症。

为什么有人会产生这种心理呢？这是因为他们有一种想从自己必须完成任务的现实环境与组织中逃脱出来的心理。而此逃避的倾向，就是因为他们认为自己所属的组织（也可以说是他们的工作单位）中的人际关系，是一种负担，这种负担构成了精神压迫，使得他们拒绝上班。

主要的原因，是因为他们与工作场所中的气氛不能谐调，换句话说，就是其内心与工作场所有差距。

基于此，这些人自觉无法忍耐这种差距，只好采取一种特殊行为填补这种差距，结果愈加精神紧张。当自我忍受不了时，他们就会想逃离工作场所。由此可知，这种人一定是尚未确立自我，且尚未完成与工作场所的同一性。

在任何团体中，总有一两个八面玲珑的人，虽然他们的表现方式各有不同。

这类人的典型行为是，他们能轻易地和陌生人打成一片，在同事聚会等活动中，往往是别人最常邀请的对象，对这点他们相当自豪。但他们很少想到，其实大多数的人，只有在无利害冲突的情形下才会邀请他们。

造成此种行为的原因，是这些人始终没有确立自己。由于他们对自己的存在价值不明确，亦即他们尚未确立自我信念，因此容易接受他人的想法、价值观，但也因此给人左右逢源的印象。

站在这个角度观察，这些人明朗快活的背后，隐藏着一份悲哀感，他们内心是很孤独寂寞的。

6. 名片测人心

人的本名所具有的相对稳定性，也是名片的一个特征。名片有各式各样，包括纵的、横的，以及特殊类型的名片。名片所用的纸的质量、字体、颜色等也各有不同。对于你不认识的人递来的名片，不可过分相信，以免最后难以摆脱危机。有一个例子，很可以说明这个问题。

有一位退休的单身刘女士，她从服务很久的公司领到退休金后，利用这些钱开了一个小饭馆。这是她第一次做开饭馆的买卖，内心很感不安。从开店以来，有一位男子几乎每天到这个店里来，起初刘女士对他并无深刻印象，以为他是个很普通的顾客，偶尔两人也交谈几句。

一天，刘女士偶然发现这位身份不明的男人是坐高级进口轿车来这里的，经过几天观察，他天天如此。刘女士心中暗喜，以为转变命运的时机到了，找机会向那位男人索取了一张名片。名片上印着“某某公司，常务董事”。刘女士马上改变了对他的态度，变得非常热情好客。两人从此来往频繁，那位男子请她出去吃饭、约会，终于有一天他们谈到了婚嫁问题。

一天店里来了一位客人，见到那位男士便说：“你在这里偷懒可不行啊！被董事长知道了可不得了。”刘女士仿佛被人当头一棒，大吃一惊。这时，只见那位在名片上印有常务董事的男人，头也不回地慌张跑了。他以后再也没有到刘女士的店里来。

名片是任何人都能编写印刷的。有些人在社会生活和经济交往中，利用名片进行欺诈。我们应该充分认识到，名片中隐含着可怕的犯罪危险性，应当注意识别其真伪。

名片某种程度上可以说是让他人认识自己的一个窗口，有的名片甚至是囊插了一个人一生的成就和所得。所以，通过名片观察人倒也不失为一种好的方法。

在名片上喜欢用粗体大字的人，其职业多半是政治家、医生、大企业家、公司经理等。

名片用粗体大字者，多数个性强，为了强调自我意识，功名心也非常强烈。这类人性情温和有绅士的气度，唯独个性相当任性，其中也有很多是颇难接近的人。然而，如果我们愈接近他们，对他们了解的愈多的话，会发现他们也有人情味的一面。一旦被他们所喜欢时，会倾尽全力帮助你，如果被他们嫌弃，则连理也不会理睬你的。

这种人的特性是善于辞令，懂得自我分寸，同时待人态度温和，另一方面，他们也经常被以前受自己照顾的人所违背。另外，名片上虽印粗体大字，但没有印头衔的人，具有特殊的独创性，不喜欢被人驱使，也不喜欢去驱使别人。如果你与这种人共创事业，要特别注意这一点。

有的人在名片上的名字左边印有改名“某某或某某某”。如果有人看到这种名片，会说：“这个名字很少见啊。”对方就会苦笑着：“这个是改名……”接着他就滔滔不绝地说明改名的理由。多数改名者都是因为稍具自卑感而起这个念头的。

“名字表示身体。”“体”本来是简单字体，即表示人的原本。通常情况下，我们一看到名片，即能分辨出其主人是男是女。即使一般在姓名后并不印“男”或“女”的字样。中国人起名有一定的习惯，或叫规律。男孩，代表阳刚之气，是力量与智慧的象征，故父母给男孩起名时，多用一些表示力量，智慧的字眼。如：伟、国、智、刚、志、鹏、洋，等等；

而女子则不同，她属阴柔之美，是软弱、顺从的象征。

人们常用的名片纸质、颜色、形状有各种各样。纸质方面，有日本纸，塑料表面加工滑面的纸，有花纹底的纸。形状上，有普通型、小样型（一般女子用）两种，但也有名信片大小的和折叠式特殊型等。颜色上，除了白色较为常见外，还有用彩色的。从名片的纸质、形状、颜色上，都可反映出对方的职业与性格。

使用特殊型名片的人，是独往独行型的人，其特性是口头上能言善道，但很少真正对别人发生兴致；性格任性且对别人对自己喜欢与否非常在意，顽固依赖心强。另一方面，他们性情温顺、富有同情心，对他们所喜欢的，人能竭尽全力地去照顾。然而，他们常被人毁谤，还具有缺少协调性等缺点。

交换名片时，也要讲礼貌。为了避免失礼，最好你自己先于对方递出名片，这样的话，人家会把你看成是一个诚实的人。

通常情况下，由晚辈呈上长辈名片，是有礼貌的表现。而在谈生意中，可由拿出名片的方法，来判断生意谈得成功与否。

自己比对方先拿出名片的效用，是表示诚意。当对方拿出名片时，立即把对方名片接过来，是表示注重慎重、温厚、礼貌。如果对方递上名片，这边不拿出名片，是表示野蛮、无礼和拒绝。我们可以做出这样的判断，无论你怎么辩解，结果都是一样的。这时你可以把递出去的名片要回来，自行离席而去，不必感觉难过。这并非仅是损失一张名片的问题，而是直接损伤到你自己。认为名片是一张纸的想法是不对的，因为，名片上印着自己的姓名、职业等基本情况，可以说它就是自己的代理人，所以名片不能随便乱用和处置。

假定，你站在与之相反的立场上，认为接洽是自己不喜欢干的生意。这时，纵使你接到对方的名片，也不喜欢把自己的名片递出去的话，如果你能很慎重地拒绝，应把收到的名片，在不失礼貌的情况下还给对方，这是给对方有台阶下的表现。

往往出现这种情况，初次见面时交换的名片，过后得到很好的保存，再拿出名片看时，会连对方的脸也记不清，望着那名片发愣，一阵困惑，怪自己的记忆力不佳。

还有一种情况，双方见面，一方以为是初次见面，想拿出名片给对方。对方却说："不！你以前已给过我名片了。"这时，你会感到很不好意思，把名片在什么时候交换过、什么地方和什么人交换的，以及为什么而见面的事情都忘得一干二净。

交换名片是人与人之间联系的手段，有维持人缘的效用。注意记住自己见过面的人，是为自己招来好运（机会）的秘诀。忘记对方的名字，不但不会给自己带来好运气，既无运可言，也不能广泛和朋友交往，很有可能变成人群中的落伍者。

初次见面后不久，再与这个曾与自己交换过名片的人见面，如果这时的会话再发生障碍的话，对方会怀疑你这个人的人格，对你是极为不利的。

如果我们在交换的名片上，记录见面的时间、场所、事件、介绍者以及当时所谈的内容，再加上妥善保存的话，就不会为记不起对方的名字和脸面，而感到烦恼。并且能够在第二次与交换过名片的人会面时，不至于话不对题，对对方有失礼之处。甚或重新拿出名片看过之后，才会说出与第一次见面没有重复内容的话来。

这种能够在交换名片时，把当时的情形很仔细地记录下来，并在第二次交往中恰当运用，促进自己事业的人，他们的头脑非常灵活，兴趣广泛，在与人交往中对细节很谨慎，与这种人交往会满足你的自尊心，感觉很愉快，有愿意与之继续交往的强烈愿望。

一般情况下，人们不会在公司名片上附记自家的地址和电话号码。但是，也有例外的情况，在非常亲密的朋友之间，为了让朋友记住自家的地址和电话号码，而在公司名片上写上这些内容，这种情况是不会招来别人或朋友的闲话的。

有的人，除了按公司的规定上班、下班外，一天到晚总在忙着。这种人具有我行我素的气质，他们不但能干，而且还具有责任感。

当然，在公司名片上把“自家地址和电话号码”附记上去，并非仅证明这种人非常能干。如果对自己所担任的工作，没有责任心的话，他们不可能在公司名片上附记自家住址和电话号码的。看来，他们常用自己的住宅当办公室或工作场所，以及干其他工作。

假设你去交涉重要的生意，看到对方名片上没有附记自家地址和电话号码，可以向对方说：“真对不起！请将您的住址和电话号码跟我说一下好吗？”如果对方是清廉洁白的，就会毫不犹豫地马上将住址和号码写给你。一旦对方脸上显示出犹豫不决的神色，就不要再追要下去，在以后的交往中，要留心这种人。

这种在公司名片上附记自家地址和电话号码的做法，也有利弊之分。一方面，它表示你自己肯为这件事负责任，不管什么时候或紧急时刻，都能依照名片上的地址或号码联络上；另一方面，这样做也可能被别人利用，对自己不利，或对自己的生命和财产构成危险。所以，在递给别人名片时，要特别注意，与自己没有什么关系的人，最好不要轻易将住址和电话号码抄于名片上，如果他（她）向你要自己的地址和电话号码的话，你要提高警觉，根据情况，决定是否告诉他（她）。

生活中，还常有这样的情况，某人担任的头衔过多，以至于用一张名片无法印制下来，由于这个原因，往往使用两张名片。这是在情理之中的事。否则，很少有人无故持有两张名片。

还有一种鲜为人知的情况，有的人除了正当职业外，还有外面担任一些副业或在别的公司兼职。他们也常印制两张名片，一张是标明公开的职业，另一张则是印着副业和兼职的名片。

一般，经营公司的负责人、知识分子，他们持用两种名片，没有什么稀奇的。关键在于，对两种名片的使用方法如何。有些人与你做生意时，递给你第二张名片时说“这件事情要绝对保密”，那是因为这件事情被公司知道了就不得了的关系。这种分别使用两张名片的人，是深谋远虑型的，他们大都平日里对公司做出一副非常忠实的样子，实质上背地里都在做违背公司的行为。

有这种人的公司，其经营上肯定是漫不经心，同时也没有什么发展前途。如果和使用两张名片的人谈生意，结果往往是生意全被他独占去。他可能会吹嘘一番：“你想要成功的话，不管什么时候我都会帮助你。”这只是口头上说说而已，实际上他不会帮你什么忙的，相反，会在有利可图时，大捞你一把，一旦你没有借助他的力量的前提下，生意大获成功，这种人还会说：“这件事全因我拜托他的关系，你才能成功。”很有意思地向你讨人情。这种人为人处世非常巧妙，而且功名心非常重，专门在现实社会的隙缝里生活，占别人的便宜。

你与人第一次见面，为了表示敬意先拿出名片，递了过去。“很对不起！正好名片用完了。”对方手拿你的名片，漫不经心地这样说。这时你心里是什么滋味？肯定不好受吧。你可能会在心里嘀咕着：“瞧不起人！你以为我是什么人！”考虑介绍人的面子，你不再说什么。表面上看起来似乎这与你没有造成多大影响，可是，你肯定不愿与对方多讲一句话，此时对于谈生意或谈其他的事情都已索然无味，只想尽快结束这次会面。事后，听介绍人说那次介绍他们会面是位掮客。

这种说名片用完或没有名片的人，都是速战速决型含有危险性的人。这种人与人初次见面只谈五六分钟，就用感觉好像交往多年的口气说：“一道去喝一杯吧！你也不是不喜欢喝的人。”对这种速战速决的人，对他们的性情、性格都还未了解时，就顺着对方去做的话，一定会失败。所以，要千万小心从事。

7. 打破思维常规看人心

在现实生活中，总会有那么几种另类人物处处表现出与他人的不同。他们的这种不同也许是本性使然，也许是另有其他原因。所以你要认真地进行观察分析。

（1）钟爱做东道主的人

有一类人天生就爱做东道主，他们似乎爱交朋友，视金钱如粪土，对朋友有求必应。

喜欢请客的人，表面看来虽然古道热肠，但其实只是以这种形式来满足自己。所以喜欢请客的人，和喜欢被人请客的人凑在一起，彼此就各得其所，分别得到满足了。

所以，当我们看到那些即使没有多少钱，却总想办法请客的人，应了解他们的心态，只要他们不是另有所求，大可接受他们的好意。

人最早接触的人际关系，是从与母亲间的关系开始的，每个人都有向母亲撒娇的经验和权力，而这种依赖、撒娇的态度一旦固定成型，长大成人后在现实生活中也容易出现，有时就体现在让别人请客的满足感中。

至于喜欢请客的人，虽然他们的立场是把东西送给对方，但其心态和接受自己好意的对方是一样的，这与过度保护孩子的母亲的心理非常类似。

爱做东道主的人，他们喜欢在请客时，满足自己呵护他人的欲望。这样看来，表面上的热情如火，则可能是因为内心里更珍爱自己的一种表现。

反观被请的一方。别人请客，自己不必付钱，固然也有好处，但是，让对方出钱，很容易形成自卑感，反而不能痛快地享受。

（2）喜欢卖弄专有名词的人

有些人在会议讨论中，被人发现破绽时，往往会企图用令人难以理解的措词加以辩解。当对方一听到他们言谈讨论中不断出现一些冷僻的词句和专门术语时，往往会闻之却步，再加上根本不了解专门术语的意义，虽然别人要求他尽量不这么做，以便他人能懂他所要表达的含义，可他会固执拒绝别人的要求，措辞怪异却仍我行我素，还是用那种让人听不懂的字眼来发表意见。

总之，他们除了教科书中得到的知识外，实际上只是套用某些专业的观念，而没有融会贯通，难怪会让人听得一头雾水。因此，说话的人若想让对方真正了解自己的意图，必须自己先经过一番消化，然后再表达，才能让对方真正了解。

卖弄言词的行为，绝非表明自己知识有多渊博，只是在做某种防御。所谓防御是当其即将受到外界威胁时，出现的一种心理作用。例如对工作场所的组织还不能适应时，现实环境就变成了精神紧张或压力的来源，可是又不愿承认这些压力，所以不得不使用以前所获得的各种知识，以使自己的言论更有说服力。

所以，只要我们仔细聆听这类型人的话，就会发现许多不合逻辑、不合现实之处，连他自己在说什么都无法确定，难怪别人会听不懂。不过，有时使用这种难解措辞或特殊用语反而较具效果，这种情形多半是在推销时。推销员说了一大堆抽象的言辞，使对方陷入迷阵，摸不着头绪，而就在似是而非的情况下买下了产品。

总之，必须注意的是，遇到这类喜欢卖弄专有名词的人，不要被其震慑，只要了解他们的心理，就可应对。

（3）爱迟到的人

有些男人一旦有与自己梦寐以求的女性约会的机会，不但不会迟到，甚至还会提早30分钟或1小时，但在其他情况下，绝不可能如此守时，往往迟到成性。

当他们迟到时，一定会解释："啊！突然有朋友来找我！""对不起，塞车塞得太厉害了！"但这些可能只是他们的借口。

如果你有机会和自己所爱的女人约会，为了怕丧失这千载难逢的机会，一定会事先预测各种可能发生的事故，做充裕的准备。由此看来，迟到与否，全在个人对约定的人物、内容所关心的程度，二者有密切的关系。

若某人在参加会议的途中发现自己忘了带会议证，或搭错了车，那么他一定会以此作为自己迟到的理由，但这些都不是真正的理由。其实他的迟到，也许根本就表示他不太愿意参加会议，但这点本人却未意识到，只是存在于他的潜意识中。

这种行为，在心理学称之为"失错行为"。本人在采取行动前，先由本人潜意识中被压抑的念头刺激意识，进而采取行动。

由此可知，其他在各种场合中常迟到的人，想必也是基于这种心理。

总之，人有遵守时间型和懒散型两种，这与办事认真与否是相关的，但造成这种差别可追溯自从母亲那儿接受排泄训练时期开始。

小孩接受母亲的指示开始学习使用括约肌的方法，但母子的感情交流若不圆满，孩子会对母亲不信任，而不按指示学习，结果就不易学会使用括约肌的方法。

接受训练的孩子，能透过括约肌的缩紧与放松的方法，使行为中规中矩、是非分明；但未接受训练的孩子，则会有随处排泄的不规矩习惯。在孩子们成人后，这一习惯便会带入现实生活中，而反复出现不守时的行为。

总之，这种“失错行为”，应追溯至当事人的婴幼儿期。

（4）制止别人说话的人

说话容易听话难，一个能深获众人信赖、人际关系和谐的人，应是一个具成熟心智的人，所以他们也善于聆听别人的谈话。这一点我们只要观察心理还处于幼稚阶段的小孩就可明白。小孩们很爱说话，却不懂得听话的艺术，他们无法慢慢地由别人话中了解对方，也没有这种宽容的心态，所以如果某些政治家和文人的心理发展阶段，还停留在孩童期的水准，他们如何能了解人心呢？即使他们说得再富哲理，也只是曲高和寡，他人无法产生共鸣。而且制止他人谈话，根本是无礼的行为。

制止对方说话，不仅使其无法发表意见，更是一种不认可对方的举止。

我们会在电视上看到所谓评论家或文人们齐聚一堂的座谈会。当对方话还没说完时，这些所谓的专家，就急着制止别人，而由自己发言。尤其当我们看电视上“大辩论”的节目时，就常见互相制止对方谈话，大声吵嚷的场面，把交换意见的讨论方式弃置不顾。每当见到这种情形，不免令观众心中反感，深觉这些人的修养着实值得怀疑，即使他说得再冠冕堂皇，也无法令人相信。

这种喜欢打断别人谈话的人，往往对自己以外的价值观不予承认，以为自己的想法可通行无阻，而有一种君临天下的感觉。但他们却没想到，说话中途遭制止的人，会有不满的情绪，如此岂不无法产生交流，而破坏人际关系？

观此无礼的举动，我们探察其原因，可以发现除前述理由外，可能还包括说话者内容太过冗长、毫无价值等等。不过，即使如此，这种制止的行为，正足以证明他们完全不反省自己的想法，只一味要求别人接受，颇有自恋的倾向。

总之，制止别人说话的人，无论其他方面如何，可以确认的事实是，他们根本不赞同对方的论点。

8. 多个角度去看人

观察人的时候，也应从各个角度进行观察，不要光看别人的缺点而忽略了他的优点。对于一般人批评的“某某人有什么缺点”，我们也可以换一个角度来衡量，可能这个众人公认的缺点，反而是他的优点呢!

齐国攻打宋国。宋王派藏芷向南求救于楚国。楚王很高兴，答应得也很痛快。然而，藏芷却很忧虑地回去了。他的车夫问：“您求救成功了，怎么还面有忧色？”藏芷说：“宋是小国而齐是大国。为救一个小国而得罪一个大国，这是人们所不愿的。然而，楚国很高兴地答应了。这不合情理，他们一定是想以此坚定我们的信心，让我们同齐国抵抗，以此削弱齐国，这样，对楚国有好处。”

藏芷回国后，齐国攻占了宋的五座城池，而楚国的援兵真的没到。

从生活的经验来看，没有一成不变的人，有的人的行为是由他人所影响的，排挤别人的，别人也会排挤他；侮辱别人的，别人也会侮辱他。自己所不喜欢的，不要施加于别人；行不通的时候，要反躬自问，找找自己的原因。有时候，看人不妨糊涂一点，因为“水至清则无鱼，人至察则无徒”。人过分精明了就没有人可以交往了。有时候，看人不妨全面一点，因为喜欢一个人而能知道他的缺点，憎恶一个人而能知道他的优点，这种事天底下是很少见的。除此之外，看人不妨实际一点，观察一个人的外表不如了解其内心，了解其内心不如看其实际表现。

一铢一铢地称东西，这样称出的一石与一次称足的一石必定有出入；一寸一寸地量东西，这样量出的一丈与一次量足的一丈必定有误差。看人应该看大端而不责细节，否则，不分事的大小，简单相论，只能歪曲人的原貌。

有一位陈先生，被大家公认为爱出风头。在一次陈先生没有出席的酒会中，大家聊起陈先生的时候，就有人说："他真爱出风头。"接着，大家就七嘴八舌地举出例子，证明他确实爱出风头。

不过另有人认为，陈先生一向热心公益，喜欢帮助别人，所以前面那人马上语气和缓地说："他是有一点多管闲事，不过，还是很乐于帮助别人的。"听了这话之后，同事们立刻转变了态度，开始赞扬他的优点，这种态度的一百八十度转变，给人留下深刻的印象，使人真正了解了所谓批评别人究竟是怎么一回事。

人际间的关系就是这样，以批评的眼光去看别人，越看越觉得不好，可是，如果换一个角度去衡量，也许就不认为这是缺点了。"君子之交，贵相知心。"就是要我们尽量去观察别人，发掘别人的长处。

一个人的好坏是由本质决定的。古人认为少壮时不学无术，长大必定无能；至老而没有教人，死时便没有人思其言行；富有而不知施舍，穷困便无人相助，这都是本质所定。是君子，就会好学而向善，是小人则总是好逸而恶劳，因此能向别人学习并严格检查和要求自己的人，极少不属于君子；一切由着自己，有了错误总要尽力掩饰的人，极少不属于小人。古代的君子，他们要求自己严格而且全面，他们要求别人宽厚并且简单。因为要求自己严格而全面，所以他们不会懈怠。因为要求别人宽厚并简单，所以别人就乐于做好事。

观察一个人，先考察他所作所为，再观察他做事的动机，审度他的心态，安于什么，不安于什么。这样的话，他怎么伪装得了呢？人们所犯的过错，是分成各种类型的。仔细审查某人所犯的过错，就可以知道他是什么类型的人了。

A化妆公司的宣传部长刘先生，曾在闲聊时讲了则他的经验之谈：

有一次，一个广告代理商到他那里洽谈生意，谈到与A公司对立的B化妆品公司，这个代理商或许为了拉广告，于是把B公司的宣传机密全盘托出。

刘先生听到这里，忽然想到："此人与我并无深交，为什么会对我泄漏B公司的秘密？可想而知，他同样会把我们公司的机密泄漏给B公司。"

刘先生用另一角度思维识破对方的诡计之后，从此再也不信任这个广告代理商了。

大智若愚的计谋表现各不相同，但其目的是一致的。

在《韩非子》一书中，对类似的观察法实例收录极多。

晋国重臣文子，有一次因为被案情牵连，于是匆忙逃命。在慌乱中逃到了京师外的一个小镇。

跟随他逃亡的侍从说："统领此镇的官吏，曾经出入八大府衙，可视作亲信，不如我等先至他家略事休息，待行李到来，再行赶路如何？"

"不可，此人不可信赖。"

"何故？他曾亲密地追随过大人……"

"晤！此人知我喜好音乐，即赠我名琴；知我喜好珍宝，即赠我玉石，像这种不用忠告方式而以宝物博取我欢心的人，如我前去投靠，必被他献给君王以博欢心无疑。"

于是，文子不敢稍作停留，住杆查部顾不带，继续赶路。

文子的看法果然不错，后来，此官把文子的两车行李拦截下来，献给君王邀功。

从前，一个名叫鲁丹的游士，周游至中山国，想把自己的策略呈献君王，可惜投递无门。于是，鲁丹以大批金银珍宝，赠给君王亲信的幕僚，请他代为引见。此法立即生效，鲁丹被君王召见，并于谒见之前，先以山珍海味接待他。

席间，鲁丹不知想起什么，忽然放下筷子退出宫殿，也不回旅舍，立即离开中山国。

从者很惊讶地问：

“他们如此厚待，为何离去？……”

鲁丹回答从者：

“这位君主被他的侧近所左右，自己没有一点主见，日后如果有人说我的坏话，君主必定会惩罚我，还不如早些离去的好。”

魏国将军乐羊率兵攻打中山国。

其时，乐羊之子正栖身中山国，于是，中山国王将乐羊之子杀死，并做成肉汤，送到围在城外的乐羊军队阵营之中。

乐羊面不改色地将肉汤喝光。

魏王听到这个消息，感动地说：

“乐羊为我吃下自己儿子的肉！”

但是，他身旁的大臣却以责备的口吻说道：

“连自己儿子的肉都敢吃的人，必定敢吃任何人的肉。”

后来，乐羊打败中山国凯旋，魏王虽然犒赏他的成功，但从此不再重用他。

鲁国重臣孟孙打猎时捉到一只小鹿，命家臣秦西巴用车子把小鹿带回，在回去的途中，一直有一只母鹿跟在车后哀鸣。

秦西巴觉得十分可怜，就把小鹿放了。

待孟孙返回家中，知道了原由，极为生气，于是把秦西巴幽禁起来。

但是，3个月之后，孟孙不但赦免了秦西巴的罪，并且任命他担当辅佐自己儿子的任务，近侍惊讶地问：“前些时候，您刚刚处罚了他，如今却又委他以重任，这是为什么？”

孟孙回答说：“他连小鹿都不忍捉回，将其放掉，对待我儿子也一定会很仁慈的。”

以上的这些例证都是根据对方在待人处世时表现出来的蛛丝马迹，通过比较，而在瞬间得出最后的结论。

由此可以看出，待人接物看似事小，却能反映出一个人的道德品行及为人处事的准则。这既向我们提供了一个观察人、识别人的好方法，同时也告诫我们：在有些时候，你不经意时所做的某一件小事，也许已经被在一旁的有心人看在眼里，记在了心上。

9. 根据经验去识人

在社会这个大舞台上，性格各异、千姿百态的人们都在扮演着自己的角色。经过一番细心观察，有人从众生相中总结出以下八种典型的人。

（1）英雄型的人

英雄型的人富有开拓精神，敢于冒险；有理想、有雄心、有坚定的信念；争强好斗，不服输；我行我素，刚愎自用；具有顽强的毅力、坚强的意志。这些都是英雄型的人身上反映出来的性格特征。除了这些特征外，英雄型的人还富于浪漫色彩。

具有英雄型性格的人，并非都能对社会产生积极影响，如果他的性格没有得到应有的正常发挥，即他的这种性格的特殊性未被人们发现。他被关闭在一个狭小的团体式社团内，默默无闻地受着他人的指挥和挟制，那么将会产生很糟糕的后果。在英雄型的人身上为什么会出现这种糟糕的情况呢？这是因为，人无完人，在英雄型人的身上也存着一些弱点，这些弱点表现为：难以通融，一言既出，驷马难追，即便明知是错了也坚持不改，这就使得他们显得过于固执了。这种固执往往容易成为与人发生口角的诱因。

（2）充满活力的人

浪漫是这种人的一重大特征。这种人寻找朋友的愿望非常强烈，在朋友们形成的小团伙中，最愿意处于领导者的地位，并借助这一地位对自己的亲信及亲属给予特别的关照。这种人能够清楚地分辨出谁是朋友，谁是敌人。这是因为，这种人缺乏互相沟通感，难以进行相互了解，这就促使他们具备了凭感觉，而不是凭了解来分清敌友的特殊本领。非常富于浪漫色彩的这种人，一旦分清敌友，就会表现出两种迥然不同的态度。他们对朋友诚敬相待，肝胆相照，但对朋友以外的其他人却表现出令人惊讶的非常现实的态度，他们在和这些人接触时，只想着自己的利益，处处为自己打算，警戒心很强，对对方总是抱着怀疑的态度。这种人还有一个喜欢教训别人的特性。这种情况在工作中表现得较多，但并不只局限于工作中，有的人甚至在与别人的日常谈话中，也经常夹杂着一些教训别人的话。这也可以算是区别他为人的一个重要标志。

（3）随波逐流和有主见的人

前一种类型的人，他们的兴趣、思想都是从外而输入到自己的脑子里的，而脑子里没有自己的任何东西，说得好听点，也可以称他们为“学习型”，即什么都是学来的，而不是经自己思考后得到的。与此相反，后一种类型的人，总是自己去思想，而不过多地考虑周围的环境和现实，缺乏现实性，自己的思想总难与现实相吻合，严重的可能会发展为超现实的空想型。

（4）吝啬的人

对别人的心境一点儿也不感兴趣，总是漫不经心地伤害别人，表现极端的就变成了一切为自己，不愿施予一点的吝啬鬼。到了这时，他们所做的一切再不是因为漫不经心和不注意，而是极端自私的吝啬性格的反映。

（5）毛毛草草和专心致志的人

毛毛草草型的人，对某一种事物的兴趣不能保持长久，更谈不上刻意追求，他们的兴趣总是多方面的，并不是只倾注在某一个方面，更不会过久地滞留于其他事情上。

专心致志的人则相反，能静下心来将一件事情做完。

（6）心直口快和幼稚的人

感情受到伤害后，很容易治愈并能迅速恢复过来，这一点在心直口快型的人身上表现得很突出。而幼稚型则表现为对某种事物进行执著的追求。

（7）善于交际和待人冷淡的人

善于交际型对于对方的情况抱着一种无所谓的心理状态，这一点表现得很突出。待人冷淡型的人则具有对所有人都抱着一种拒绝的态度难以接近。

（8）执着的人

这类人表现为：诚实，努力向上；归属集团的向心意识极强，富于协作精神；尊重现实，具有很强的伦理感和洁身自好的意识；具有办事一丝不苟的精神，适合于干细致的活，能胜任周密细致的工作。

楚国有个全国闻名的相人者，他的判断都很准确。楚王召见他，问他怎样相人，他说："我不会相人，我只会观察人的朋友，观察平民时，如果他的朋友都是孝敬友爱奉公守法的人，那么这个人操持家务，家庭会日益富裕，自己也会日益得到荣誉，这就是所谓的吉人；观察做官的人，如果他的朋友都是忠诚有信用、行为正派的人，这个人在为君主服务时，就会有益于管理工作，他的职位会提升，这就是所谓的吉臣；观察君主，如果他朝中大臣多是贤人，身边的人多是忠臣，都能及时规劝君主，这样，国家日益安定，君主地位日益尊贵，天下服从管理，这就是所谓吉主。我实在不会相人，而只会观察人的朋友。以上只是招揽人才的才识。"